NOUVEAU

FORMULAIRE.

Imprimerie de Poussin.

NOUVEAU

FORMULAIRE

D'ACTES SOUS SEING PRIVÉ

EN MATIÈRE CIVILE ET COMMERCIALE,

AVEC

LES DISPOSITIONS DES LOIS SUR LE TIMBRE ET L'ENREGISTREMENT
QUI RÈGLENT LES DROITS AUXQUELS ILS SONT ASSUJÉTIS,

ET

L'EXPOSÉ DES PRINCIPES DE LÉGISLATION QUI LES RÉGISSENT;

SUIVIS

De Modèles de Pétitions à adresser au Roi, aux Princes
et Princesses de sa famille; aux Ministres, Préfets, Sous-
Préfets, Maires, Présidens de Tribunaux et Procureurs
du Roi, Inspecteurs des Forêts, Administrateurs d'Hos-
pice, etc.

Par M. Lavenas,

ANCIEN HUISSIER A ÉVREUX,

AUTEUR DU NOUVEAU CODE ET MANUEL PRATIQUE DES HUISSIERS.

PARIS,

LEBIGRE, LIBRAIRE-ÉDITEUR,

RUE DE LA HARPE, Nº 26.

1832.

PRÉFACE DE L'ÉDITEUR.

GÉRER ses affaires sans le secours d'autrui, sans frais , avec le secret et la célérité qui sont souvent indispensables au succès des entreprises, tel doit être le but de tout commerçant, propriétaire ou cultivateur. Il est vrai que, dans la plupart des engagemens qui sont pris à leur profit, ou auxquels ils se soumettent, ils doivent s'arrêter devant une considération plus grave et bien autrement importante : celle d'éviter, par la clarté de la rédaction et l'observation des formalités voulues par les lois, les fâcheuses contestations judiciaires qui naissent si fréquemment de contrats mal libellés. Aussi nous avouons que s'il est ordinairement pénible d'initier un tiers à tous les actes de notre vie civile ou commerciale, et de subir toutes les lenteurs de son indifférence, il est bien plus dangereux de nous confier à notre propre inexpérience en des matières épineuses et toujours fécondes en procès.

L'éducation la plus libérale ne suffit pas pour nous familiariser avec la connaissance des lois, leur esprit, leurs minutieuses dispositions, et surtout avec les expédients de la chicane et de la mauvaise foi, pour les faire parler à leur avantage.

Il en est de même à l'égard des relations que les citoyens ont avec les autorités administratives ou judiciaires. Pour former la moindre demande, pour élever la réclamation la plus juste, l'homme paisible, qui vit dans son atelier ou au milieu des champs qu'il cultive, éprouve des embarras sans nombre.

A qui doit-il s'adresser? quelle voie à prendre pour faire parvenir sa pétition? Quelles sont, du reste, les expressions et les formalités d'usage? Il l'ignore.

Il se déplace, il court au chef-lieu du département; il ne sait qui interroger.

Renvoyé de bureau en bureau, d'administration en administration, il perd un temps précieux que réclame son négoce ou sa charrue, avant d'obtenir les renseignemens qu'il désire; mieux instruit, il fût resté au sein de sa famille, et il ne lui en eût coûté qu'une feuille de papier timbré.

L'auteur de cet ouvrage a donc rendu un éminent service à toutes les classes de la société, en les délivrant désormais de tous les inconvéniens que nous venons de signaler. Un long exercice en province lui a révélé les nombreux besoins, en ce genre, de toutes les classes de la société, et lui a appris à les satisfaire. Il connaît les difficultés ordinairement suscitées par la mauvaise foi; il n'a pas recherché en vain les moyens de les prévenir.

Nous avions d'abord hésité à accepter son manuscrit, par la considération qu'il existait déjà quelques recueils publiés dans les mêmes vues; mais la lecture que nous en avons faite nous a bientôt prouvé, comme elle le prouvera à tous ceux qui en prendront connaissance, que ce n'est pas moins un service à rendre au public, que de le mettre entre ses mains. D'abord, il est le seul, de tous ces formulaires, qui donne des modèles de pétitions, secours si utile! et nous avons reconnu, pour le reste, qu'une pratique de vingt ans pouvait être un meilleur maître, en pareille matière, que les livres de théorie qu'ont seulement consultés les auteurs des éditions rivales.

NOUVEAU

FORMULAIRE.

LIVRE PREMIER.

DES CONVENTIONS EN GÉNÉRAL, ET DES ACTES SOUS SEING PRIVÉ.

Les actes sous seing-privé diffèrent des actes authentiques, en cela seulement que ces derniers sont reçus par officiers publics; ils ont la même force et la même foi, d'après l'article 1322 du Code civil, entre ceux qui les ont souscrits, et entre leurs héritiers et ayant-cause.

Un *acte* est un écrit qui renferme l'engagement d'une ou de plusieurs personnes d'accomplir l'une enves l'autre, les choses dont elles sont demeurées d'accord. Cet engagement se nomme eonvention ou *contrat*.

Lorsqu'une ou plusieurs personnes sont obligées envers une ou plusieurs autres, sans que, de la part de ces dernières, il y ait d'engagement, le contrat est *unilatéral*.

Lorsque les contractans s'imposent des obligations réciproques, il est *synallagmatique*.

Si je m'oblige à rembourser dans trois mois une somme qui m'a été prêtée précédemment, ce contrat est unilatéral, car je suis seul engagé.

Dans le cas de vente, au contraire, le contrat est synallagmatique ; car si l'acheteur s'oblige à payer le prix de la chose, le vendeur prend l'obligation de la livrer.

Il importe de considérer trois choses dans un contrat :

1º Son *essence*, c'est-à-dire les choses qui forment tellement sa substance, que sans elles la convention que les parties ont faite n'existerait pas. Ainsi, trois choses sont de l'essence de la vente : l'objet vendu, le consentement des parties et le prix. Qu'une de ces conditions manque, il n'y a plus de contrat.

2º Sa *nature*, c'est-à-dire les choses qui sont tellement inhérentes au caractère de la convention, que l'existence de la convention fait supposer l'existence de ces choses ; cependant il est possible que la convention subsiste sans elle. Ainsi l'obligation de garantir l'objet vendu est de la nature du contrat de vente ; le vendeur est naturellement tenu à la garantie. Si cette chose n'est point exprimée, on la suppose. Mais les parties peuvent convenir que le vendeur ne sera point garant.

3º *Les choses qui ne sont qu'accidentelles*, c'est-à-dire celles qui ne sont attachées au contrat que par la volonté des parties. Par exemple : j'emprunte une somme d'argent, et pour en assurer le paiement, je donne hypothèque sur une de mes maisons ; cette dernière clause est accidentelle au contrat : car on ne l'aurait pas même supposée, si je ne l'avais stipulée formellement.

Comme l'oubli d'une des conditions essentielles au contrat entraînerait nécessairement sa nullité, il est nécessaire d'étudier toutes celles qui, d'après la loi, sont indispensables pour la validité de l'acte.

L'article 1108 du Code civil les met au nombre de quatre :

Le consentement de la partie qui s'oblige ;

Sa capacité de contracter ;

Un objet certain qui forme la matière de l'engagement ;

Une cause licite dans l'obligation.

Chacune de ces conditions essentielles à la validité des conventions mérite un développement et une explication particulière.

CHAPITRE PREMIER.

Du consentement de la partie qui s'oblige.

Le Code civil déclare qu'il n'y a point de consentement valable, s'il n'a été donné que par erreur, ou s'il a été surpris par des manœuvres frauduleuses, ou extorqué par la violence. En effet, on ne peut concevoir de consentement parfait que lorsque celui qui l'a donné a agi en connaissance de cause, ou qu'il a été libre dans son action.

Quant à l'erreur, elle n'est une cause de nullité que lorsqu'elle tombe sur la substance même de la chose qui en est l'objet. Si j'achète, par exemple, des flambeaux de cuivre pour des flambeaux d'argent, ou du vin de Brie pour du vin de Bordeaux, la vente est nulle. Il en serait autrement, néanmoins, si mon erreur ne venait que de mon peu de lumière ou de mon étourderie: achetant comme bonnes, des terres seulement passables; ou m'imaginant tirer un grand parti d'un champ inculte et presque stérile.

L'erreur sur la personne n'annule l'acte que lorsque la considération de cette personne a été la cause principale de la convention. Ainsi, il y a deux peintres du même nom, l'un célèbre, l'autre médiocre. Croyant traiter avec le premier, je m'engage envers le second à lui donner un prix considérable de mon portrait : une telle convention est nulle, et je ne suis tenu à payer l'ouvrage de l'artiste ignorant qu'à dire d'expert. Je puis même refuser de recevoir le portrait, s'il connaissait mon erreur quand j'ai traité avec lui.

Il en serait de même si j'avais prêté une somme considérable à un homme peu solvable, croyant avoir affaire à un autre individu très-riche, du même nom et qui présente toutes les garanties désirables.

Les manœuvres frauduleuses pratiquées par une des parties sont une cause de nullité, quand il est évident que, sans ces manœuvres, l'autre partie n'aurait pas contracté. Un maquignon lime les dents à un vieux cheval, pour le vendre comme jeune. Il y a dol de sa part, et si vous avez acheté, vous pouvez faire annuler le marché.

La violence est une cause de nullité du contrat lorsqu'elle a été de nature à faire impression sur une personne raisonnable, et à lui inspirer la crainte d'un mal considérable et présent, soit dans sa personne ou dans sa fortune, soit dans la personne ou la fortune de son époux ou épouse, de ses père et mère, de ses enfans. Pour apprécier la violence, on a égard à l'âge, au sexe et à la condition des personnes. Telle menace qui ne doit pas toucher un homme doué de force et de raison, peut entraîner une faible femme ou un pauvre vieillard. Telle considération qui ne peut arrêter le riche et le puissant, sera d'un grand poids pour celui que son indigence ou une position fâcheuse livre au caprice de ses semblables.

Il faut observer cependant que la nullité des actes passés par erreur, par dol ou par violence, n'a pas lieu de plein droit. Ce serait une trop grande porte ouverte aux abus et à la mauvaise foi : elle doit être demandée et prononcée en justice.

CHAPITRE II.

De la capacité de contracter des parties qui s'obligent.

POUR qu'un acte soit valable, il faut qu'aucune des personnes qui l'ont signé, en y prenant des engagemens, ne soit légalement frappée d'incapacité. Il importe donc de connaître les individus avec qui on ne peut contracter, sans s'exposer au danger de voir annuler leurs obligations. Il en est de deux classes : ceux à qui la loi ne refuse cette capacité que dans un esprit de protection, et ceux à qui elle la dénie par mesure de défiance ou de sévérité. Ces incapacités diverses, dans l'intention du législateur, doivent naturellement amener des résultats différens.

Les incapables de première classe sont :

Les mineurs;

Les femmes mariées;

Les interdits;

Les personnes pourvues d'un conseil par jugement.

Les incapables de la seconde classe sont :

Les personnes frappées de mort civile;

Les condamnés par contumace.

SECTION PREMIERE.

De l'incapacité des mineurs.

Le mineur, dit l'article 388 du Code civil, est l'individu, de l'un et de l'autre sexe, qui n'a point encore l'âge de vingt-un ans accomplis. Avant cette époque de la vie, on ne peut faire d'emprunt, vendre ni aliéner ses biens, les hypothéquer, donner main-levée d'inscriptions hypothécaires, procéder à un partage ou à une transaction.

Pour les autres actes, ceux de pure administration, ou relatifs au commerce, il importe de distinguer les deux époques de minorité : avant et après l'émancipation.

Le mineur est émancipé de plein droit par le mariage.

Le mineur non marié peut être émancipé par son père, ou, à défaut de père, par sa mère, lorsqu'il a atteint l'âge de *quinze ans révolus*. Cette émancipation s'opère par la seule déclaration du père ou de la mère, reçue par le juge de paix, assisté de son greffier.

Le mineur resté sans père ni mère peut aussi être émancipé, mais seulement à l'âge de *dix-huit ans accomplis*, si le conseil de famille l'en juge capable. Mais, pour s'assurer de la vérité, les personnes qui contracteront avec les mineurs se disant émancipés de la sorte, devront se faire présenter le procès-verbal de la délibération, signé par le juge de paix. (Art. 476, 477, 478 C. civ.)

Le mineur non émancipé ne peut faire aucune espèce d'acte, même de simple administration. Ceux qui lui auraient payé une somme due seraient exposés à la payer une seconde fois. Ceux qui lui auraient prêté de l'argent, courraient le risque de ne pouvoir en obtenir le remboursement devant les tribunaux. L'administration des biens du mineur appartient à son tuteur.

Le Code civil n'établit qu'une exception à ces régles générales : c'est la faculté qu'a le mineur, *parvenu à l'âge de seize ans*, de disposer par testament jusqu'à concurrence de la moitié des biens dont la loi permet la disposition aux majeurs. (Art. 904.) (Voyez ce que nous disons en tête des modèles de testament, Section *de la portion de biens disponible.*)

Quant au mineur émancipé, il peut faire, en général, tous les actes qui ne sont que de pure administration, recevoir ses revenus, en donner décharge, passer les baux dont la durée n'excède point neuf ans.

S'il fait un commerce, il est, d'après l'art. 487 du C. civ. réputé majeur pour tous les faits relatifs à ce commerce ; pourvu qu'il réunisse les trois conditions suivantes :

1º Être âgé de dix-huit ans accomplis;

2º Avoir été préalablement autorisé par son père, ou par sa mère, en cas de décès, interdiction ou absence du père, ou, à défaut du père et de la mère, par une délibération du conseil de famille, homologuée par le tribunal civil;

3º Avoir fait enregistrer et afficher l'acte d'autorisation au tribunal de commerce du lieu où il veut établir son domicile. (*Art.* 2 *Code de commerce.*)

Pour tous les actes, autres que ceux que nous venons de spécifier, le mineur émancipé doit être assisté de son curateur. La loi, se méfiant encore de sa jeune expérience, a voulu lui donner un aide sûr et un guide éclairé.

Nous avons dit précédemment que le mineur non émancipé était représenté par son tuteur, qui agit pour lui. Cependant la capacité de ce tuteur est limitée en certains cas.

Les baux qu'il a passés pour un temps qui excède neuf années, ne sont après la cessation de la tutelle, obligatoires pour le pupille ou ses héritiers, que pour le temps qui reste à courir, soit de la première période de neuf ans, si les parties s'y trouvent encore, soit de la seconde, de manière que le fermier ou locataire n'ait que le droit d'achever la jouissance de la période de neuf ans où il se trouve.

Les baux, quelle que soit leur durée, que le tuteur a passés ou renouvelés plus de trois ans avant l'expiration du bail courant, s'il s'agit de biens ruraux, et plus de deux ans avant la même époque, s'il s'agit de maisons, sont sans effet, à moins que leur exécution n'ait commencé avant la cessation de la tutelle.

Le tuteur ne peut, sans l'autorisation du conseil de famille :

Poursuivre l'expropriation forcée d'un immeuble ;

Provoquer au partage, n'y eût-il que des biens meubles à partager ;

Faire des réparations aux biens du pupille, dont le coût dépasserait les revenus de ce dernier ;

Acquérir des biens purement d'agrément et qui ne produisent aucuns fruits ;

Prêter l'excédant de ses revenus à des intérêts inférieurs à l'intérêt légal ;

Emprunter ;

Hypothéquer les biens immeubles ;

Accepter une donation faite au mineur ;

Accepter ni répudier une succession (l'acceptation ne peut avoir lieu que sous bénéfice d'inventaire) ;

Vendre un immeuble ;

Transiger.

SECTION II.

De l'Incapacité de la femme mariée.

Deux considérations ont engagé le législateur à interdire à la femme mariée la faculté de contracter librement. Le premier motif est puisé dans sa faiblesse, son ignorance ordinaire des affaires, et les illusions dangereuses que lui fournissent sans cesse une imagination ardente et mobile, une sensibilité excessive. Il a voulu, d'une autre part, maintenir dans les familles l'ordre qu'il y a établi, en désignant le mari comme leur chef unique.

Les biens qui appartiennent à la femme peuvent être de trois espèces :

Communs ;

Dotaux ;

Paraphernaux.

Les biens communs sont ceux qui appartiennent également aux deux époux.

Les biens dotaux sont ceux que la femme s'est constitués en dot, qui lui ont été donnés en contrat de mariage, qui lui sont échus par succession, et dont elle a seule la propriété.

Les biens paraphernaux sont tous ceux de la femme qui n'ont pas été constitués en dot ni mis en communauté.

Pour ce qui tient aux biens dotaux, la femme ne peut les administrer, et par conséquent en percevoir les fruits et les intérêts, donner quittance, recevoir les remboursemens des capitaux. Elle ne peut, même avec l'autorisation de son mari, aliéner ou hypothéquer les immeubles constitués en dot. Ce principe est pourtant soumis aux exceptions suivantes :

1° La femme peut, avec l'autorisation de son mari, ou, sur son refus, avec permission de justice, donner ses biens dotaux pour l'établissement des enfans qu'elle aurait d'un mariage antérieur ; mais si elle n'est autorisée en justice, elle doit réserver la jouissance à son mari.

2° Elle peut, avec l'autorisation de son mari, donner ses biens dotaux pour l'établissement de leurs enfans communs.

3° L'immeuble dotal peut être aliéné, lorsque l'aliénation en a été permise par le contrat de mariage.

4° L'immeuble dotal peut encore être aliéné avec

permission de justice, et aux enchères, après trois affiches :

Pour tirer de prison le mari et la femme ;

Pour fournir des alimens à leurs enfans, ou à leur père et mère, et autres ascendans qui sont dans le besoin;

Pour payer les dettes de la femme ou de ceux qui ont constitué la dot, lorsque ces dettes ont une date certaine, antérieure au contrat de mariage ;

Pour faire de grosses réparations, indispensables pour la conservation de l'immeuble dotal ;

Enfin, lorsque cet immeuble se trouve indivis avec des tiers, et qu'il est reconnu impartageable.

Dans tous les cas énoncés sous ce quatrième article, l'excédant du prix de la vente au-dessus des besoins reconnus, reste dotal, et il en doit être fait emploi comme tel au profit de la femme.

5o L'immeuble dotal peut être échangé, mais avec le consentement de la femme, contre un autre immeuble de même valeur, pour les quatre cinquièmes au moins, en justifiant de l'utilité de l'échange, en obtenant l'autorisation en justice, et d'après une estimation par experts nommés d'office par le tribunal.

Dans ce cas, l'immeuble reçu en échange est dotal. L'excédant du prix, s'il y en a, l'est aussi; et il en doit être fait emploi comme tel au profit de la femme.

Voici à présent les actes pour lesquels l'incapacité de la femme est légale, quelle que soit le régime sous lequel elle est mariée, même celui de la séparation de biens.

Elle ne peut, sans le concours du mari dans l'acte, ou sans son consentement par écrit, donner, aliéner, hypothéquer, acquérir à titre gratuit on onéreux, paraître en jugement, être marchande publique.

Mais lorsque le mari a autorisé sa femme à être marchande publique, elle peut s'obliger pour ce qui concerne son négoce.

La femme peut tester sans l'autorisation de son mari.

Il y a diverses circonstances dans lesquelles l'autorité du mari doit ou peut être suppléée par celle des tribunaux.

1º Lorsque le mari est mineur ou interdit, l'autorisation du juge est nécessaire à la femme pour contracter.

2º Si le mari est absent, le juge peut, en connaissance de cause, donner semblables autorisations à la femme.

3º Si le mari refuse d'autoriser sa femme à passer un acte, la femme peut faire citer son mari directement devant le tribunal de première instance de l'arrondissement du domicile commun, qui peut donner ou refuser son autorisation, après que le mari a été entendu ou dûment appelé en la chambre du conseil.

4 La femme ne peut s'obliger, ni engager les biens de la communauté, même pour tirer son mari de prison, ou pour l'établissement de ses enfans, en cas d'absence du mari, qu'après y avoir été autorisée par justice.

5º. Lorsque le mari est frappé d'une condamnation emportant peine afflictive ou infamante, encore qu'elle n'ait été prononcée que par contumace, la femme, même majeure, ne peut, pendant la durée de la peine, ester en jugement, ni contracter qu'après s'être fait autoriser par le juge, qui peut en ce cas donner l'autorisation sans que le mari ait été entendu ou appelé.

Cependant les femmes séparées de biens peuvent s'obliger, sans l'autorisation de leur mari, jusqu'à concurrence de leurs revenus et du mobilier mis à leur disposition par leur contrat de mariage, ou par l'effet de la séparation judiciaire.

La femme a la jouissance et l'admistration de ses biens paraphernaux.

SECTION III.

De l'Incapacité des interdits et des personnes pourvues d'un conseil judiciaire.

L'interdiction, vis-à-vis de celui contre qui elle est prononcée, a les mêmes effets que ceux de la minorité à l'égard des mineurs non émancipés : il ne peut non-seulement disposer de ses biens, mais encore les administrer. Tous les actes passés depuis le jour du jugement sont nuls de droit.

On interdit le majeur qui est dans un état habituel d'imbécillité, de démence ou de fureur, même lorsque cet état présente des intervalles lucides. Les biens de l'interdit sont, comme ceux du mineur, administrés par un tuteur, à qui l'on doit appliquer toutes les règles que nous avons exposées dans la section Ire du chapitre II.

Mais en rejetant la demande en interdiction, le tribunal peut, si les circonstances l'exigent, ordonner que la personne dont l'interdiction est demandée ne pourra désormais plaider, transiger, emprunter, recevoir un capital mobilier, ni en donner décharge, aliéner ni grever ses biens d'hypothèques, sans l'assistance d'un conseil qui lui est nommé par le même jugement.

Cette mesure est adoptée à l'égard des prodigues qui, sans fournir d'autres preuves d'absence de raison, dissipent follement leur patrimoine, et préparent une affreuse misère à eux et à leurs enfans.

On impose encore ce conseil judiciaire aux vieillards dont l'esprit est trop affaibli pour qu'on leur laisse disposer librement de leurs immeubles ou de leurs capitaux, mais auxquels on veut épargner en même temps l'humiliation d'une interdiction absolue.

La capacité du conseil judiciaire ne consiste pas à agir pour les personnes, ni à les représenter, mais seulement à les assister dans les actes que nous avons ci-dessus spécifiés, et à ne donner son approbation qu'autant que le contrat est utile à la personne, et que ses intérêts n'y sont pas lésés.

SECTION IV.

De l'Incapacité des personnes frappées de mort civile, et de celle des condamnés par contumace.

La condamnation à la mort et aux travaux forcés à perpétuité emporte la mort civile.

La mort civile est l'incapacité prononcée comme peine par la loi. Lorsque le jugement qui condamne à la peine de mort est contradictoire, c'est-à-dire prononcé en présence de l'accusé et après sa défense, la mort civile est encourue à compter du jour de l'exécution, soit réelle, soit *par effigie.*

Quand la condamnation est prononcée par contumace, c'est-à-dire en l'absence du prévenu qui se cache ou a pris la fuite, la mort civile n'est encourue qu'après les cin années qui suivent l'exécution du jugement par effigie.

De là, deux espèces d'incapacité pour les contumaces :

Celle qui résulte de la privation de *l'exercice* de leurs droits civils, avant les cinq ans ; et l'incapacité résultante de la perte absolue de ces droits mêmes.

Par la dernière, il perd la propriété de tous les biens qu'ils possédait au moment où il a encouru la mort civile : sa succession est ouverte au profit de ses héritiers.

Il ne peut ni recueillir par succession, ni transmettre à titre gratuit ce qu'il a acquis depuis ; il ne peut ni disposer, ni recevoir par donation ou par testament, si ce n'est pour cause d'alimens.

Il ne peut être témoin dans un acte solennel ou authentique. Il ne peut procéder en justice que par le ministère d'un curateur spécial.

Il est incapable de contraeter aucun mariage qui produise aucun effet civil. S'il est marié, son mariage est dissous quant à tous ses effets civils. Son épouse et ses héritiers peuvent exercer respectivement les droits et les actions auxquels sa mort naturelle donnerait ouverture.

La seconde espèce d'incapacité des condamnés à mort, est celle qui consiste dans la simple privation de l'exercice des droits civils pendant les cinq années qui suivent l'exécution par effigie du contumace. Pendant ces cinq années, ses biens sont régis et ses droits exercés comme ceux des absens, jusqu'à ce qu'il se représente ou soit arrêté durant ce délai.

Ainsi le contumace est représenté, dans les inven-

taires, comptes, partages et liquidations, par un notaire que commet le tribunal de première instance.
Le ministère public est chargé de veiller à ses intérêts, et doit être entendu sur toutes les demandes qui
le concernent ; si ses biens exigent une gestion, il y
est pourvu par la nomination d'un curateur.

Si le condamné par contumace se représente ou
est pris avant les cinq années, le jugement est anéanti
de plein droit ; le condamné recueille toutes les
successions et les legs ouverts à son profit pendant
son absence, et jusqu'à l'exécution du jugement,
quand même il emporterait encore mort civile.

Si le condamné par contumace décède dans les
cinq ans, il meurt dans l'intégrité de ses droits.

Observez néanmoins que la mort civile n'empêche
pas le condamné d'acquérir, ni de vendre, échanger
ou administrer ce qu'il a acquis à titre onéreux,
depuis la mort civile ; le droit d'acquérir résulte implicitement des articles 25 et 33, puisque ces articles supposent que le condamné a pu acquérir des
biens depuis la mort civile. Il peut même recevoir des
alimens à titre gratuit.

Les condamnés à la peine des travaux forcés à
temps, ou de la réclusion, sont, pendant la durée de leur
peine, en état d'interdiction légale, un curateur gère
et administre leurs biens.

Pendant la durée de la peine, il ne peut leur être
remis aucune somme, aucune provision, aucune
portion de leurs revenus.

Même après l'expiration de la peine, ils ne peuvent jamais être ni jurés, ni experts, ni témoins dans
les actes, ni déposer en justice, autrement que pour
y donner de simples renseignemens.

CHAPITRE III.

*Des objets qui peuvent former la matière
d'un Contrat.*

Il n'y a que les choses qui sont dans le commerce qui puissent être l'objet des contrats, dit l'art. 1128 du Code civil. Par le mot *chose*, il ne faut pas entendre seulement les biens corporels, c'est-à-dire ceux qui, ayant un corps, peuvent être aperçus par les sens, comme une somme en espèce métalliques, une terre, une maison, un troupeau de moutons, etc., mais encore les biens incorporels qui ne peuvent être aperçus que par l'entendement, comme les créances, l'usufruit, un droit de servitude, de privilége, d'hypothèque, de gage, etc.

Les choses qui sont dans le commerce sont tous les biens et droits appartenant aux particuliers, et dont ceux-ci ont la libre disposition.

Dès lors sont hors du commerce :

Les choses qui appartiennent au domaine public; elles ne peuvent pas même être aliénées par le gouvernement, si ce n'est en certains cas et sous certaines conditions, ou en vertu d'une loi spéciale.

Les chemins, routes et rues à la charge de l'état, les fleuves et les rivières navigables ou flottables, les rivages, lais et relais de la mer, les ports, les havres, les rades, et généralement toutes les portions du territoire français qui ne sont pas susceptibles d'une propriété privée, sont considérés comme des dépendances du domaine public.

Les ports, murs, fossés, remparts des places de guerre et des forteresses, font aussi partie du domaine public.

Il en est de même des terrains, des fortifications et remparts des places qui ne sont plus places de guerre; ils appartiennent à l'état, s'ils n'ont été valablement aliénés, ou si la propriété n'en a pas été prescrite contre lui. Les biens appartenant à des communes sont également hors du commerce, en ce sens qu'ils ne peuvent être aliénés qu'en vertu d'un décret spécial.

Le Code civil, dans son article 1129, impose une seconde condition à l'objet qui doit former la matière du contrat. *Il faut*, dit-il, *que l'obligation ait pour objet une chose au moins déterminée quant à son espèce.*

Ainsi l'acte par lequel je m'obligerais à vendre quelque chose, sans déterminer quelle est cette chose, serait nul. En effet, je pourrais ensuite offrir une chose de si peu de valeur, qu'elle serait sans intérêt pour celui envers qui je me serais lié.

Mais l'article précité ajoute : *La quotité de la chose peut être incertaine.* Ainsi je puis vendre, en général, un bœuf, un mouton, une pièce de vin, sans désigner dans mon étable le bœuf ou le mouton que je livrerai, sans spécifier la qualité du vin. En ce cas, les principes de jurisprudence établissent que, pour être libéré, je ne suis pas tenu de donner la chose de la meilleure espèce; mais aussi que je ne puis la donner de la plus mauvaise.

Les choses futures ou qui n'existent point encore peuvent être l'objet d'une obligation. On peut vendre valablement le blé, le vin, les huiles de la récolte prochaine, les veaux d'une vache qui n'a point encore mis bas.

La loi a mis cependant une exception à cette règle, puisée dans le respect dû aux bonnes mœurs. Elle ne permet pas de vendre une succession future, ou d'y renoncer, ou de faire une stipulation sur une pareille succession, même avec le consentement de la personne qui doit laisser la succession.

Dans les règles que nous avons données précédemment, et qui sont relatives à l'incapacité des mineurs, des interdits et des femmes mariées, nous avons vu que cette incapacité n'était pas la même pour leurs immeubles comme pour leurs biens meubles : il importe donc d'être bien éclairé sur cette distinction.

SECTION PREMIERE.

Des Biens meubles.

Les biens meubles, en général, sont ceux qui peuvent être transportés d'un lieu dans un autre. Cependant il y a des choses qui ne sont meubles que par la détermination de la loi, et à qui, par conséquent, ne peut s'appliquer cette définition.

Sont meubles, disent les art. 531 et 532 :

Les bateaux, bacs, navires, moulins et bains sur bateaux, et généralement toutes usines non fixées par des piliers, et ne faisant point partie de la maison. La saisie de quelques-uns de ces objets est cependant soumise, à raison de leur importance, à des formes particulières.

Les matériaux provenans de la démolition d'un-édifice, ceux assemblés pour en construire un nouveau, sont meubles jusqu'à ce qu'ils soient employés par l'ouvrier dans une construction.

Sont meubles, par la détermination de la loi, dit l'article 529 du Code civil, les obligations et actions qui ont pour objet des sommes exigibles ou des effets mobiliers, les actions ou intérêts dans les compagnies de finance, de commerce ou d'industrie, encore que des immeubles dépendans de ces entreprises appartiennent aux compagnies. Ces actions ou intérêts sont réputés meubles à l'égard de chaque associé seulement, tant que dure la société.

Sont aussi meubles, par la détermination de la loi, ajoute le même article, les rentes perpétuelles ou viagères, soit sur l'état, soit sur des particuliers.

On ne donne pas, en droit, la même acception aux mots *meuble, biens meubles, mobilier, effets mobiliers*.

Le mot *meuble*, employé seul dans les dispositions de la loi ou de l'homme, sans autre addition ni désignation, ne comprend pas l'argent comptant, les pierreries, les dettes actives, les livres, les médailles, les instrumens de sciences, d'arts et métiers, le linge de corps, les chevaux, équipages, armes, grains, vins, foins et autres denrées; il ne comprend pas aussi ce qui fait l'objet d'un commerce.

Les mots *meubles meublans* ne comprennent que les meubles destinés à l'usage et à l'ornement des appartemens : comme tapisseries, lits, siéges, glaces, pendules, tables, porcelaines et autres objets de cette nature.

Les tableaux et les statues qui font partie d'un appartement y sont aussi compris, mais non les collections de tableaux qui peuvent être dans les galeries ou pièces particulières.

Il en de même des porcelaines : celles seulement qui font partie de la décoration d'un appartement sont comprises sous la dénomination de *meubles meublans*.

L'expression *biens meubles*, celle de *mobilier* ou d'*effets mobiliers*, comprennent généralement tout ce qui est censé meuble, d'après les règles ci-dessus établies. (Art. 535 du C. civ.)

La vente ou le don d'une maison meublée ne comprend que la maison avec ses meubles meublans. (Même article.)

La vente ou le don d'une maison, avec tout ce qui s'y trouve, ne comprend pas l'argent comptant, ni les dettes actives et autres droits dont les titres peuvent être déposés dans la maison ; tous les autres effets mobiliers y sont compris.

SECTION II.

Des Biens immeubles.

Les immeubles, par leur nature, sont ceux qui ne peuvent être mus ni transportés d'un lieu dans un autre ; mais ils peuvent l'être encore par leur destination, par l'objet auquel ils s'appliquent, ou par la détermination de la loi.

Les fonds de terre et les bâtimens sont immeubles par leur nature.

Les moulins à vent ou à eau, fixes sur piliers, et

faisant partie du bâtiment, sont aussi immeubles par leur nature ; les moulins à eau bâtis sur pilotis sont immeubles, parce qu'ils sont adhérens au sol : quant à ceux qui sont assis sur bateaux, ils en suivent la nature, et sont meubles comme eux.

Les récoltes pendantes par les racines, c'est-à-dire non coupées, et les fruits des arbres non encore recueillis sont immeubles.

Les animaux que le propriétaire du fonds livre au fermier ou au métayer pour la culture, estimés ou non, sont censés immeubles tant qu'ils demeurent attachés au fonds par l'effet de la convention.

Les tuyaux servant à la conduite des eaux dans une maison sont immeubles, et font partie du fonds auquel ils sont attachés.

Les objets que le propriétaire d'un fonds y a placés pour le service et l'exploitation de ce fonds, sont immeubles par destination.

Ainsi, sont immeubles par destination, quand ils ont été placés pour le service et l'exploitation du fonds :

Les animaux attachés à la culture ;

Les ustensiles aratoires ;

Les semences données aux fermiers ou colons partiaires ;

Les pigeons des colombiers ;

Les lapins de garennes ;

Les ruches à miel ;

Les poissons des étangs ;

Les pressoirs, chaudières, alambics, cuves et tonnes ;

Les ustensiles nécessaires à l'exploitation des forges, papeteries et autres usines ;

Les pailles et engrais.

Tous les effets mobiliers que le propriétaire a attachés au fonds à perpétuelle demeure, sont immeubles par destination.

Le propriétaire est censé avoir attaché à son fonds des effets mobiliers à perpétuelle demeure, quand ils y sont scellés en plâtre, ou à chaux, ou à ciment, ou lorsqu'ils ne peuvent être détachés sans être fracturés et détériorés, ou sans briser et détériorer la partie du fonds à laquelle ils sont attachés.

Les glaces d'un appartement sont censées mises à perpétuelle demeure, lorsque le parquet sur lequel elles sont attachées fait corps avec la boiserie.

Il en est de même des tableaux et autres ornemens.

Quant aux statues, elles sont immeubles lorsqu'elles sont placées dans une niche pratiquée exprès pour les recevoir, encore qu'elles puissent être enlevées sans fracture ou détériorations.

Comme les actions de la banque peuvent être immobilisées, voici, à cet égard, l'extrait des lois, statuts et règlemens concernant l'immobilisation de la banque, et la distinction de la nue-propriété et de l'usufruit dont elles sont susceptibles.

Immobilisation des actions de la Banque de France.

Art. 1er. Les actionnaires qui voudront donner à leurs actions la qualité d'immeubles en auront la faculté, et, dans ce cas, ils en feront la déclaration dans les formes prescrites pour les transferts.

Cette déclaration une fois inscrite sur les registres,

les actions immobilisées resteront soumises au Code civil et aux lois de privilége et d'hypothèque, **comme les propriétés foncières**; elles ne pourront être aliénées, et les priviléges et hypothèques être purgés, qu'en se conformant au Code civil et aux lois relatives aux priviléges et hypothèques sur les propriétés foncières. (*Art. 7 des Statuts de* 1808.)

Art. 2. Les actions de la banque immobilisées pourront faire partie des biens formant la dotation d'un titre héréditaire qui serait érigé par sa majesté, conformément au sénatus-consulte du 14 août 1806. (*Art. 5 des Statuts, et art. 2 du Décret du* 1er *mars* 1808.)

Art. 3. Les actions de la banque, au cas de l'article précédent, seront possédées, quant à l'hérédité et à la reversabilité, conformément aux dispositions dudit sénatus-consulte et au § 3 de l'article 896 du Code civil. (*Art. 6 des Statuts.*)

Art. 4. Les actions de banque affectées à un majorat sont inaliénables : elles ne peuvent être engagées ni saisies; elles ne peuvent être grevées d'aucune hypothèque légale ou judiciaire. (*Art. 40 du Décret du* 1er *mars* 1808.)

Art. 5. Néanmoins, les enfans du fondateur qui ne seraient pas remplis de leur légitime sur les biens libres de leur père, pourront en demander le complément sur les biens donnés par le père pour la formation du majorat. (*Art. 40 du Décret du* 1er *mars* 1808.)

Art. 6. La portion du revenu du majorat qui sera en actions de la banque sera soumise à une retenue annuelle d'un dixième, qui sera successivement, chaque année, remplacé en actions de la banque, au profit du titulaire du majorat et des appelés après lui. Ces actions seront également immobilisées. (*Art.* 6 *du Décret du* 1er *mars* 1808.)

Art. 7. Le certificat d'inscription pour les actions immobilières exprime si les actions immobilisées sont aliénables, ou si elles sont affectées à la dotation du majorat. (*Art.* 17 *du Réglement du* 31 *octobre* 1808.)

Art. 8. Les extraits d'inscription des actions de la banque de France porteront un timbre qui annoncera qu'elles sont affectées à un majorat. (*Art.* 5 *du Décret du* 1er *mars* 1808.)

Art. 9. Il est défendu à tous agens de change, sous peine de destitution, même de peines plus graves, s'il y échet, et de tous dommages-intérêts des parties, de négocier directement ou indirectement les actions de la banque marquées du timbre établi ci-dessus. (*Art.* 44 *du Décret du* 1er *mars* 1808.)

Art. 10. Il est défendu aux notaires de recevoir les actes de vente, donation, ou autre aliénation des biens affectés à la dotation d'un majorat, tout acte qui les frapperait de timbre ou d'hypothèque; aux préposés de l'enregistrement, de les enregistrer; aux juges, d'en prononcer la validité. (*Art.* 41 *et* 43 *du Décret du* 1er *mars* 1808.)

Distinction de la nue propriété et de l'usufruit.

Art. 1er. L'actionnaire qui voudra céder l'usufruit de ses actions, soit le dividende réparti chaque semestre, en fera déclaration par transfert sur un registre particulier à ce destiné.

Le transfert indiquera les noms, prénoms, qualités

et domicile de l'usufruitier, et la durée de l'usufruit.

Art. 2. Le nu propriétaire déclarera au transfert s'il entend que l'usufruitier puisse ou non céder son usufruit. Le transfert mentionnera aussi la déclaration des parties touchant le dividende courant lors du décès de l'usufruitier.

Art. 3. Il sera délivré à l'usufruitier un certificat d'inscription de son usufruit, sur papier bleu, qui mentionnera les conditions essentielles de l'usufruit.

Le dividende sera payé à l'usufruitier, ou à son fondé de pouvoir, sur la représentation de ce certificat, et il donnera quittance sur le registre de paiement des dividendes.

Art. 4. Le nu propriétaire ne pourra exciper envers la banque du décès de l'usufruitier, qu'à partir du jour où il aura notifié ce décès à la banque.

Art. 5. Il sera délivré au nu propriétaire un certificat d'inscription, sur papier rouge, de sa nue propriété, se composant du capital primitif et de toutes les réserves acquises et à venir : ce certificat mentionnera la cession de l'usufruit, et le nom de l'usufruitier.

Les art. 3 et 4 du présent seront imprimés en marge du certificat d'inscription du nu propriétaire.

Art. 6. La cession de l'usufruit n'ôtera point au nu propriétaire la faculté de céder et transférer la nue propriété.

Art. 7. Les transferts portant cession soit de l'usufruit, soit de la nue propriété, devront être certifiés et signés par les agens de change.

Art. 8. La nue propriété et l'usufruit pourront être réunis par un nouveau transfert signé du nu propriétaire et de l'usufruitier. Ils rapporteront, l'un et l'autre, les certificats particuliers qui leur auront été délivrés.

Pour extrait, le Secrétaire du Conseil-géné- ral de la Banque de France,

Signé AUDIBERT.

~~~~~~

CHAPITRE IV.

De la cause dans les obligations.

L'OBLIGATION sans cause, ou sur une fausse cause, ou sur une cause illicite, ne peut avoir aucun effet.

Il n'est pas nécessaire cependant, pour la validité de la convention, que la cause soit exprimée.

L'obligation est sans cause, lorsque le contractant n'a eu en vue ni d'acquérir quelque chose ou quelque droit, ni de se libérer de quelque dette, ni d'exercer un acte de libéralité ou de bienfaisance; alors, en effet, c'est une action sans motif, sans but et sans objet; ce ne peut être que le fait d'un insensé.

Une cause est fausse, lorsque celle qu'on suppose n'existe pas : si je souscris, par exemple, un engagement pour me libérer d'une dette qui n'existe pas ou que j'ai déjà acquittée.

La cause est illicite, quand elle est prohibée par la loi, quand elle est contraire aux bonnes mœurs ou à l'ordre public.
~~~~~~

CHAPITRE V.

Des actes que l'on peut passer sous seing-privé, et des formalités auxquelles ils sont soumis.

Il est inutile d'énumérer tous les actes que l'on peut faire sous seing-privé; il sera plus court de dire qu'il en est quatre sortes seulement qui doivent être passées devant notaires, à peine de nullité :

Les donations entre-vifs,

Les testamens mystiques ou publics,

Les contrats de mariage,

Le consentement d'hypothèques.

Tous les autres actes, tant civils que commerciaux, peuvent être passés sous-seing privé.

D'après l'articles 1328 du Code civil, les actes privés n'ont date certaine que du jour où ils ont été enregistrés, ou du jour où ils ont été reconnus en justice.

Il importe donc de les soumettre à la formalité de l'enregistrement toutes les fois qu'on aura des doutes sur la probité ou la solvabilité de la partie avec qui l'on contractera.

D'après la loi du 13 brumaire an 7, tous les actes sous signature privée doivent être écrits sur papier timbré : ceux pour lesquels cette formalité a été négligée ne peuvent être produits en justice pour recevoir leur exécution.

Nous allons donner, à la suite de ce chapitre, les extraits des diverses lois sur le timbre et l'enregistrement qui ont rapport aux actes dont nous donnons les formules.

Les actes sous seing-privé qui contiennent des conventions synallagmatiques ne sont valables qu'autant qu'ils ont été faits en autant d'originaux qu'il y a de parties ayant un intérêt distinct.

Il suffit d'un original pour toutes les personnes ayant le même intérêt.

Chaque original doit contenir la mention du nombre des originaux qui ont été faits.

Néanmoins le défaut de mention que les originaux ont été faits doubles, triples, etc., ne peut être opposé par celui qui a exécuté de sa part la convention portée dans l'acte.

Le billet ou la promesse sous seing-privé par lequel une seule partie s'engage envers l'autre à lui payer une somme d'argent ou une chose appréciable, doit être écrit en entier de la main de celui qui le souscrit, ou du moins il faut qu'outre sa signature il ait écrit de sa main un *bon* ou un *approuvé* portant en toutes lettres la somme ou la quantité de la chose, excepté dans le cas où l'acte émane de marchands, artisans, laboureurs, vignerons, gens de journée et de service.

Lorsque la somme exprimée au corps de l'acte est différente de celle exprimée au *bon*, l'obligation est présumée n'être que de la somme moindre, lors même que l'acte, ainsi que le *bon*, sont écrits en entier de la main de celui qui s'est obligé, à moins qu'il ne soit prouvé de quel côté est l'erreur.

EXTRAITS DES LOIS

SUR LE TIMBRE ET L'ENREGISTREMENT.

EXTRAIT *de la Loi sur le Timbre.*

Du 13 brumaire an VII (3 nov. 1798).

Art. 1er. La contribution du timbre est établie sur tous les papiers destinés aux actes civils et judiciaires, et aux écritures qui peuvent être produites en justice et y faire foi.

Art. 2. Cette contribution est de deux sortes :

La première est le droit de timbre imposé et tarifé en raison de la dimension du papier dont il est fait usage ;

La seconde est le droit de timbre créé pour les effets négociables ou de commerce, et gradué en raison des sommes à y exprimer, sans égard à la dimension du papier.

Art. 12. Sont assujétis au droit de timbre établi, en raison de la dimension, tous les papiers à employer pour les actes et écritures soit publics, soit privés ; savoir :

... Les pétitions et mémoires, même en forme de

lettres, présentés aux autorités, administrations et établissemens publics.

Les actes entre particuliers sous signature privée, et le double des comptes de recette ou de gestion particulière, et généralement tous actes et écritures, extraits, copies, expéditions, soit publics, soit privés, devant ou pouvant faire titre, ou être produits pour obligation, décharge, justification, demande ou défense ;

2º Ceux des compagnies et sociétés d'actionnaires ;

Ceux des établissemens particuliers et des maisons particulières d'éducation ;

Ceux des agens d'affaires, directeurs, régisseurs syndics de créanciers et entrepreneurs de travaux et fournitures ;

Ceux des banquiers, négocians, armateurs, marchands, fabricans, commissionnaires, agens de change, courtiers, ouvriers et artisans ;

Ceux des aubergistes, maîtres d'hôtels garnis et logeurs, sur lesquels ils doivent inscrire les noms des personnes qu'ils logent, et généralement tous les livres, registres et minutes de lettres qui sont de nature à être produits en justice et dans le cas d'y faire foi, ainsi que les extraits, copies et expéditions qui sont délivrés desdits livres et registres.

13. Tout acte fait et passé en pays étranger, ou dans les îles et colonies françaises où le timbre n'aurait pas encore été établi, sera soumis au timbre avant qu'il puisse en être fait aucun usage en France, soit dans un acte public, soit dans une déclaration quelconque, soit devant une autorité judiciaire ou administrative.

14. Sont assujétis au droit de timbre, en raison des sommes et valeurs, les billets à ordre ou au porteur, les inscriptions, mandats, mandemens, ordonnances, et tous autres effets négociables ou de commerce, même les lettres de changes tirées par seconde, troisième et *duplicata*, et ceux faits en France et payables chez l'étranger.

15. Les effets négociables venant de l'étranger, ou des îles et colonies françaises où le timbre n'aurait pas encore été établi, seront, avant qu'ils puissent être négociés, acceptés ou acquittés en France, soumis au timbre ou au *visa pour timbre*, et le droit sera payé d'après la quotité fixée par l'art. 8 de la présente.

21. L'empreinte du timbre ne pourra être couverte d'écritures ni altérée.

22. Le papier timbré qui aura été employé à un acte quelconque ne pourra plus servir pour un autre acte, quand même le premier n'aurait pas été achevé.

23. Il ne pourra être fait ni expédié deux actes à la suite l'un de l'autre sur la même feuille de papier timbré, nonobstant tout usage ou règlement contraire.

Sont exceptés les ratifications des actes passés en l'absence des parties, les quittances de prix de ventes et celles de remboursement de contrats de constitution ou obligation, les inventaires procès-verbaux et autres actes qui ne peuvent être consommés dans un même jour et dans la même vacation, les procès-verbaux de reconnaissance et levée de scellés qu'on pourra faire à la suite du procès-verbal d'apposition, et les significations des huissiers, qui peuvent également être écrites à la suites des jugemens et autres pièces dont il est délivré copie.

Il pourra aussi être donné plusieurs quittances sur une même feuille de papier timbré, pour à compte d'une seule et même créance ou d'un seul terme de fermage ou loyer.

Toutes autres quittances qui seront données sur une même fenille de papier timbré, n'auront pas plns d'effet que si elles étaient sur papier non timbré.

30. Les écritures privées qui auraient été faites sur papier non timbré, sans contravention aux lois du timbre, quoique non comprises nommément dans les exceptions, ne pourront être produites en justice sans avoir été soumises au timbre extraordinaire ou au *visa pour timbre*, à peine d'une amende de trente francs, outre le droit de timbre

Extrait *de la loi sur l'enregistrement, du 22 frimaire an 7 (12 décembre 1798).*

Art. 1er. Les droits d'enregistrement seront perçus d'après les bases et suivant les règles déterminées par la présente.

2. Les droits d'enregistrement sont *fixes* ou *proportionnels*, suivant la nature des actes et mutations qui y sont assujétis.

3. Le droit fixe s'applique aux actes soit civils, soit judiciaires ou extrajudiciaires, qui ne contiennent ni obligation, ni libération, ni condamnation, collocation ou liquidation de sommes et valeurs, ni transmission de propriété, d'usufruitier ou de jouissance de biens meubles ou immeubles.

Il est perçu aux taux réglés par l'article 68 de la présente.

4. Le droit proportionnel est établi pour les obligations, libérations, condamnations, collocations ou liquidations des sommes et valeurs, et pour toute transmission de propriété, d'usufruit ou de jouissance de biens meubles et immeubles, soit entre-vifs, soit par décès.

Ses quotités sont fixées par l'article 69 ci-après.

Il est assis sur les valeurs.

22. Les actes qui, à l'avenir, seront faits sous signature privée, et qui porteront transmission de propriété ou d'usufruit de biens immeubles, et les baux à ferme ou à loyer, sous-baux, cessions et subrogations de baux, et les engagemens, aussi sous signature privée, de biens de même nature, seront enregistrés dans les trois mois de leur date.

Pour ceux des actes de ces espèces qui seront passés en pays étranger, ou dans les îles ou colonies françaises où l'enregistrement n'aurait pas encor été établi, le délai sera de six mois, s'ils sont faits en Europe ; d'une année, si c'est en Amérique, et de deux années, si c'est en Asie ou en Afrique.

26. Les notaires ne pourront faire enregistrer leurs actes qu'aux bureaux dans l'arrondissement desquels ils résident.

Les actes sous signature privée, et ceux passés en pays étranger, pourront être enregistrés dans tous les bureaux indistinctement.

29. Les droits des actes à enregistrer seront acquittés, savoir :

Par les parties, *pour les actes sous signature privée et ceux passés en pays étranger, qu'elles auront à faire enregistrer; pour les ordonnances sur requêtes ou mémoires, et les certificats qui leur sont immédiatement délivrés par les juges, et pour les actes et décisions qu'elles obtiennent des arbitres, si ceux-ci ne les ont pas faits enregistrer;*

Et par les héritiers, légataires et donataires, leurs tuteurs et curateurs, et les exécuteurs testamentaires, *pour les testamens et autres actes de libéralité à cause de mort.*

38. Les actes sous signature privée, et ceux passés en pays étranger, dénommés dans l'art. 22, qui n'auront pas été enregistrés dans les délais déterminés, seront soumis au double droit d'enregistrement.

Il en sera de même pour les testamens non enregistrés dans le délai.

62. La date des actes sous signature privée ne pourra cependant être opposée à la république pour prescription des droits et des peines encourues, à moins que ces actes n'aient acquis une date certaine par le décès de l'une des parties, ou autrement.

Droits fixes.

68. Les actes compris sous cet article seront enregistrés, et les droits payés ainsi qu'il suit; savoir :

§. Ier. *Actes sujets à un droit fixe d'un franc.*

4° Les acquiescemens purs et simples, quand ils ne sont point faits en justice.

10° Les attestations pures et simples.

12° Les autorisations pures et simples.

13º Les bilans.

14º Les brevets d'apprentissage qui ne contiennent ni obligation de sommes et valeurs mobilières, ni quittance.

15º Les cautionnemens de personnes à représenter en justice.

16º Les certifications de cautions et de cautionnemens.

17º Les certificats purs et simples, ceux de vie par chaque individu, et ceux de résidence.

19º Les compromis qui ne contiennent aucune obligation de sommes et valeurs donnant lieu au droit proportionnel.

20º Les connaissemens ou reconnaissances de chargemens par mer, et les lettres de voiture.

Il est dû un droit par chaque personne à qui les envois sont faits.

21º Les consentemens purs et simples.

22º Les décharges également pures et simples, et les récépissés de pièces.

23º Les déclarations, aussi pures et simples, en matière civile.

29º Les devis d'ouvrages et entreprises qui ne contiennent aucune obligation de somme et valeur, ni quittance.

31º Les lettres missives qui ne contiennent ni obligation, ni quittance, ni aucune autre convention donnant lieu au droit proportionnel.

36º Les procurations et pouvoirs pour agir ne contenant aucune stipulation ni clause donnant lieu au droit proportionnel.

39º Les reconnaissances aussi pures et simples ne contenant aucune obligation ni quittance.

45° Les transactions, en quelque matière que ce soit, qui ne contiennent aucune stipulation de somme et valeur, ni dispositions soumises par la présente à un plus fort droit d'enregistrement.

§. III. *Actes sujets à un droit fixe de trois francs.*

4° Les actes de société qui ne portent ni obligation, ni libération, ni transmision de biens meubles ou immeubles entre les associés ou autres personnes.

Et les actes de dissolution de société qui sont dans le même cas.

5° Les testamens et tous autres actes de libéralité qui ne contiennent que des dispositions soumises à l'événement du décès, et les dispositions de même nature qui sont faites par contrat de mariage entre les futurs ou par d'autre personnes.

Le droit pour ces dispositions par acte de mariage sera perçu indépendamment de celui du contrat.

§. IV. *Actes sujets à un droit fixe de cinq francs.*

1° Les abandonnemens de biens, soit volontaires, soit forcés, pour être vendus en direction.

DROITS PROPORTIONNELS.

69. Les actes et mutations compris sous cet article seront enregistrés, et les droits payés suivant les quotités ci-après; savoir :

§. Ier. *Vingt-cinq centimes par cent francs.*

1° Les baux de pâturages et nourriture d'animaux.

Le droit sera perçu sur le prix cumulé des années du bail, savoir, à raison de vingt-cinq centimes par cent francs sur les deux premières années et du demi-droit sur les années suivantes.

2º Les baux à cheptel et reconnaissance de bestiaux.

Le prix sera perçu sur le prix exprimé dans l'acte, ou, à défaut, d'après l'évaluation qui sera faite du bétail.

§. II. *Cinquante centimes par cent francs.*

1º Les abandonnemens pour faits d'assurance ou grosse aventure.

Le droit est perçu sur la valeur des objets abandonnés.

En temps de guerre, il n'est dû qu'un demi-droit.

2º Les actes et contrats d'assurance.

Le droit est dû sur la valeur de la prime.

En temps de guerre, il n'y a lieu qu'au demi-droit.

3º Les adjudications au rabais et marchés pour constructions, réparations, entretien, approvisionnemens et fournitures, dont le prix doit être payé par le trésor national, ou par les administrations centrales et municipales, ou par des établissemens publics.

Le droit est dû sur la totalité du prix.

Et celles au rabais de la levée des contributions directes.

Le droit est assis sur la somme à laquelle s'élève la remise du percepteur, d'après le montant du rôle.

4° Les atermoiemens entre débiteurs et créanciers.

Le droit est perçu sur les sommes que le débiteur s'oblige de payer.

5° Les baux ou conventions pour nourriture de personnes, lorsque les années sont limitées.

Le droit est dû sur le prix cumulé des années du bail ou de la convention ; mais si la durée est illimitée, l'acte sera assujéti au droit réglé par le § 5, nombre 2, ci-après.

S'il s'agit de baux de nourriture de mineurs, il ne sera perçu qu'un demi-droit, ou vingt-cinq centimes par cent francs, sur le montant des années réunies.

6° Les billets à ordre, les cessions d'actions et coupons d'actions mobilières des compagnies et sociétés d'actionnaires, et tous autres effets négociables de particuliers ou de compagnies, à l'exception des lettres de change tirées de place en place.

Les effets négociables de cette nature pourront n'être présentés à l'enregistrement qu'avec les protêts qui en auront été faits.

7° Les brevets d'apprentissage, lorsqu'ils contiendront stipulation de sommes ou valeurs mobilières, payées ou non.

8° Les cautionnemens de sommes et objets mobiliers, les garanties mobilières et les indemnités de même nature.

Le droit sera perçu indépendamment de celui de la disposition que le cautionnement, la garantie ou l'indemnité aura pour objet, mais sans pouvoir l'excéder.

Il ne sera perçu qu'un demi-droit pour les

*cautionnemens des comptables envers le gouver-
nement.*

§. III. *Un franc par cent francs.*

1º Les adjudications au rabais et marchés, autres
que ceux compris dans le paragraphe précédent,
pour constructions, réparations et entretien, et tous
autres objets mobiliers susceptibles d'estimation, faits
entre particuliers, qui ne contiendront ni vente, ni
promesse de livrer des marchandises, denrées ou autres objets mobiliers.

2º Les baux à ferme ou à loyer d'une seule année,
ceux faits pour deux années.

*Le droit sera perçu sur le prix cumulé de deux
années.*

Ceux d'un plus long temps, pourvu que leur durée soit limitée.

*Le droit sera également perçu sur le prix cu-
mulé; savoir: pour les deux premières années, à
raison d'un franc par cent francs, et pour les autres années, sur le pied de vingt-cinq centimes
par cent francs.*

Et les sous-baux, subrogations, cessions et rétrocessions de baux.

*Le droit sera liquidé et perçu sur les années à
courir, comme il est établi pour les baux; savoir:
à raison d'un pour cent sur les deux premières
années restant à courir, et de vingt-cinq centimes
par cent francs pour les autres années.*

Seront considérés, pour la liquidation et le paiement du droit, comme baux de neuf années, ceux faits
pour trois, six ou neuf ans.

Les baux de biens nationaux sont assujétis aux mêmes droits.

3º Les contrats, transactions, promesse de payer, arrêtés de compte, billets, mandats; les transports, cessions et délégations de créances à terme; les délégations du prix stipulées dans un contrat, pour acquitter, des créances à terme envers un tiers, sans énonciation de titre enregistré, sauf, pour ce cas, la restitution dans le délai prescrit, s'il est justifié d'un titre précédemment enregistré; les reconnaisances, celles de dépôts de sommes chez des particuliers, et tous autres acte sou écrits qui contiendront obligations de sommes, sans libéralité, et sans que l'obligation soit le prix d'une transmission de meubles ou immeubles non en-registrée.

§. V. *Deux francs par cent francs.*

2º Les constitutions de rentes soit perpétuelles, soit viagères, et de pensions à titre onéreux; les cessions, transports et délégations qui en sont faits au même titre, et les baux de biens meubles faits pour un temps illimité.

3º Les échanges de biens immeubles.

Le droit sera perçu sur la valeur d'une des parts, lorsqu'il n'y aura aucun retour : s'il y a retour, le droit sera payé à raison de deux francs par cent francs, sur la moindre portion, et comme pour vente sur le retour ou la plus-value.

15º Les lettres de change tirées de place en place, celles venant de l'étranger ou des colonies françaises, les endossemens et acquits de ces effets, et les endossemens et acquits des billets à ordre et autres effets négociables.

16° Les actes passés en forme authentique avant l'établissement de l'enregistrement, dans l'ancien territoire de la France, et ceux passés également en forme authentique, ou sous signature privée, dans les pays réunis, et qui y ont acquis une date certaine suivant les lois de ce pays, ainsi que les mutations qui se sont opérées par décès, avant la réunion desdits pays.

EXTRAIT *de la loi qui assujétit au timbre les avis imprimés, etc.*

Du 6 prairial an VII (25 mai 1799).

5. Les lettres de voiture, connaissemens, chartes-parties et polices d'assurance, seront inscrits à l'avenir sur du papier du timbre d'un franc.

6. A compter de la publication de la présente, les billets et obligations non négociables, et les mandats à terme ou de place en place, ne pourront être faits que sur papier du timbre proportionnel, comme il en est usé pour les billets à ordre, lettres de change et autres effets négociables, et sous la même peine.

LOI *qui dispense des formalités du timbre et de l'enregistrement les actes concernant la liquidation de la dette publique.*

Du 26 frimaire an VIII(17 décembre 1799.)

Art. 1er. Les actes sous seing-privé tendant uniquement à la liquidation de la dette publique, et en tant qu'ils servent aux opérations de la liquidation, sont dispensés des formalités du timbre et de l'enregistrement.

2. Les actes des administrations et commissaires liquidateurs, relatifs auxdites liquidations, sont dispensés des mêmes formalités.

3. Les lois contraires à la présente sont rapportées.

EXTRAIT *de la loi relative à la perception des droits d'enregistrement.*

Du 27 ventose an IX (18 mars 1801.)

8. Le droit d'enregistrement des baux à ferme ou à loyer et des sous-baux, subrogations, cessions et rétrocessions de baux, réglé par l'art. 69 de la loi du 22 frimaire, § III, n° 2, à un franc par cent francs sur le montant des deux premières années, et à vingt-cinq centimes par cent francs sur celui des autres années, est réduit à soixante-quinze centimes par cent francs sur les deux premières années, et à vingt centimes par cent francs sur le montant des années suivantes.

S'il est stipulé, pour une ou plusieurs années, un prix différent de celui des autres années du bail ou de la location, il sera formé un total du prix de toutes les années, et il sera divisé également, suivant leur nombre, pour la liquidation du droit.

EXTRAIT *du décret concernant le timbre des lettres de voiture, connaissemens , chartes-parties et polices d'assurances.*

Du 3 janvier 1809.

Art. 1er Les lettres de voiture, connaissemens,

chartes-partics et polices d'asuranee, continueront d'être assujétis au timbre de dimension. Les parties, pour rédiger ces actes, pourront se servir de telle dimension de papier timbré qu'elles jugeront convenable, sans être tenues d'employer exclusivement à cet usage du papier du timbre d'un franc.

2. Ne sont point assujétis à se pourvoir de lettres de voiture timbrées les propriétaires qui font conduire par leurs voituriers et propres domestiques ou fermiers les produits de leurs récoltes.

DÉCRET *portant que les révocations de procurations et de testamens pourront être faites et expédiées sur la même feuille que ces actes.*

Du 15 juin 1812.

Art. 1er A dater de la publication du présent décret, les révocations, soit des procurations, soit des testamens, jouiront de l'exception accordée par les premier et deuxième alinéas de l'art. 23 de la loi du 13 brumaire an 7 sur le timbre.

En conséquence, elles pourront être faites et expédiées sur la même feuille que ces actes.

EXTRAIT *de la loi sur les Finances.*

Du 28 avril 1816.

Art. 43. Seront sujets au droit fixe de deux francs :
5° Les autorisations pures et simples;
6° Les certificats de cautions et de cautionnemens;
7° Les consentemens purs et simples;

8° Les décharges également pures et simples, et les récépissés de pièces ;

14° Les lettre missives qui ne contiennent ni obligation, ni quittance, ni aucune autre convention donnant lieu au droit proportionnel ;

15° La nomination d'experts hors jugement ;

17° Les procurations et pouvoirs pour agir, ne contenant aucune stipulation ni clause donnant lieu au droit proportionnel ;

19° Les reconnaissances pures et simples ne contenant aucune obligation ni quittance.

44. Seront sujets au droit fixe de trois francs :

2° Les compromis ou nominations d'arbitres, qui ne contiennent aucune obligation de sommes et valeurs donnant lieu au droit proportionnel ;

6° Les connaissemens ou reconnaissances de chargemens par mer ;

8° Les transactions, en quelque matière que ce soit, qui ne contiennent aucune stipulation de sommes et valeurs, ni disposition soumise à un plus fort droit d'enregistrement.

45. Seront sujets au droit fixe de cinq francs :

4° Les testamens et tous autres actes de libéralité qui ne contiennent que des dispositions soumises à l'événement du décès, et les dispositions de même nature qui sont faites par contrat de mariage entre les futurs ou par d'autres personnes.

51. Seront sujets au droit d'un franc par cent francs :

1° Les abonnemens pour fait d'assurance ou grosse aventure ;

Le droit sera perçu sur la valeur des objets abandonnés.

En temps de guerre, il ne sera dû qu'un demi-
droit,

2⁶ Les actes et contrats d'assurance :

Le droit sera perçu sur la valeur de la prime ;

En temps de guerre, il n'y aura lieu qu'au demi-
droit.

ACTES CIVILS.

LIVRE DEUXIÈME.

DIVISION GÉNÉRALE.

CHAPITRE PREMIER.

DES COMPTES DE LA TUTELLE.

(*Art.* 469. *du Code civ.*) Tout tuteur est comptable de sa gestion lorsqu'elle finit.

470. Tout tuteur, autre que le père et la mère, peut être tenu, même durant la tutelle, de remettre au subrogé-tuteur des états de situation de sa gestion aux époques que le conseil de famille aura jugé à propos de fixer, sans néanmoins que le tuteur puisse être astreint à en fournir plus d'un chaque année. — Ces états de situation seront rédigés et remis sans frais, sur papier non timbré, et sans aucune formalité de justice.

471. Le compte définitif de tutelle sera rendu aux dépens du mineur, lorsqu'il aura atteint sa majorité ou obtenu son émancipation. Le tuteur en avancera

les frais. — On y allouera au tuteur toutes dépenses suffisamment justifiées, et dont l'objet sera utile.

472. Tout traité qui pourra intervertir entre le tuteur et le mineur devenu majeur, sera nul, s'il n'a été précédé de la reddition des comptes détaillé, et de la remise des pièces justificatives; le tout constaté par un récépissé de l'oyant compte, dix jours au moins avant le traité.

473. Si le compte donne lieu à des contestations, elles seront poursuivies et jugées comme les autres contestations en matière civile.

474. La somme à laquelle s'élevera le reliquat dû par le tuteur, portera intérêt, sans demande, à compter de la clôture du compte. — Les intérêts de ce qui sera dû au tuteur par le mineur ne courront que du jour de la sommation de payer qui aura suivi la clôture du compte.

475. Toute action du mineur contre son tuteur, relativement aux faits de la tutelle, se prescrit par dix ans, à compter de la majorité.

480. Le compte de tutelle sera rendu au mineur émancipé, assisté d'un curateur qui lui sera nommé par le conseil de famille.

Art. 2045. Le tuteur ne peut transiger avec le mineur devenu majeur, sur le compte, de tutelle que conformément à l'art. 472.

Compte de tutelle par le Tuteur au Mineur devenu majeur

Compte que rend M...., veuf de..., demeurant à..., tuteur principal de... son fils, devenu ma-

jeur, demeurant à..., ou émancipé par acte du..

PRÉLIMINAIRE.

Mad. .., propriétaire à..., meurt le ... an...; elle laisse un fils unique, Vincent Augustin..., âgé de... ans..., mois, etc.

Le..., même année, les parens assemblés devant M. le juge de paix de..., nomment pour tuteur principal le sieur ... père d..., lui laissent ledit mineur à sa charge et garde, pour le nourrir, loger, soigner, gouverner sain et malade, l'entretenir jusqu'à son âge de majorité, et le faire instruire selon son état; et pour l'indemniser, ils lui cèdent et abandonnent les revenus de la part et portion qu'il a à prétendre sur.... hectares...., ares.... centiares de terre labourable.... hectares.... ares.... centiares de prairies, à la charge par ledit tuteur d'acquitter les contributions dont les biens pourront être grevés, et ce jusqu'à la majorité ou l'établissement dudit mineur, évalués environ à... fr .. c..; ils autorisent aussi le tuteur à faire la vente des meubles et effet appartenant à ladite..., dans la succession, qui pourraient lui être inutiles, d'en placer utilement les deniers en provenant en acquisition de biens et avec tous autres deniers qui pourraient lui appartenir des revenus de l'immobilier de la sussession de sa mère, autres que celui ci-dessus dont la jouissance est abandonnée audit tuteur; l'autorise enfin à poursuivre tous procès pour les intérêts du mineur, sauf à lui tenir compte des dépenses y relatives, de même que de celles qu'il pourra faire pour son habillement, et ce sur simples mémoire qu'il présentera acquittés. Cet acte en forme est revêtu des formalités requises.

Le même jour, il est procédé à la confection de l'inventaire par les mêmes parens, qui estiment la totalité des meubles à la somme de.., dont la moitié pour le mineur est de.., et à l'inventaire des titres et papiers, obligations, contrats de rentes et argent trouvé lors du décès de ladite..., dont le mineur a droit à la moitié, excepté une desdites obligations de.... fr qui lui appartient en totalité.

Le tuteur gère et administre d'abord jusqu'à l'émancipation du mineur, son fils, qui a eu lieu le... an...; il fait rentrer les fonds dus, les place utilement et sûrement; c'est ce qui compose le premier chapitre de la recette du compte qu'il rend aujourd'hui.

Le second chapitre se forme des intérêts et revenus des fonds du premier, des élèves et engrais, des bestiaux, de la culture et de ses produits, dont ledit.. lui remettait à fur et mesure des recettes, les deniers en provenant, pour en tirer le meilleur parti.

Il n'est fait mention des meubles que pour mémoire, excepté une paire de souliers, des habillemens complets de femme qui ont été vendus et dont le prix est compris dans la recette du second chapitre, lesdits meubles ayant été réunis en essence après lot et partage audit mineur, à son émancipation.

La dépense, ne formant qu'un seul et unique chapitre, comprend toutes celles relatives à la dernière maladie, aux frais funéraires et deuil de la défunte, à ceux de tutelle et autres actes judiciaires, aux voyages nécessités pour la suite des affaires, aux journées employées à la culture et au paiement des impositions pour la part dudit S... c'est-à-dire, depuis son émancipation, et la moitié seulement de celles

dues à la mort de la défunte, enfin toutes celles faites pour raison de ladite administration.

Le tout est justifié, la recette, par les actes de tutelle, d'inventaire, d'émancipation et autres pièces probantes ; la dépense, par quittances en forme. Toutes
ces pièces, remises avec le présent compte audit...,
sont détaillées à l'inventaire ci-après ; et, par ce moyen,
le S.., tuteur, sera entièrement et définitivement déchargé de sa gestion et administration.

COMPTE FINAL

*Du sieur...au sieur..., son fils, en présence de son
conseil, parens et amis convoqués à cet effet ;*

*Des Recette et Dépense qu'il a faites relative-
ment à sa gestion et administration des Biens
meubles, Revenus et Immeubles dudit....., à
partir du... an... jusqu'au... an...*

RECETTE.

Fait recette, le comptable, de la somme de...., à
laquelle s'élèvent en total les produits tant en argent
trouvé lors de la mort de..., et des autres créances
qui lui étaient dues, désignées en l'inventaire dudit
jour... an..., dont la rentrée a été effectuée, et des
intérêts en provenant, que des divers autres produits de la basse-cour, élèves, engrais et culture
ci-après détaillés ; le tout justifié par pièces probantes réunies au présent ;

SAVOIR :

Chapitre premier.

A cause de l'argent trouvé à la mort de..., mère

dudit...., et des créances qui lui étaient dues à cette époque, dont il a droit à la moitié :

1º La somme de » fr. » c. trouvés restés à la maison lors du décès de la mère dudit mineur, dont la moitié, pour sa part, est de...; ci.　　　　» fr. » c.

2º Un dépôt numéraire appartenant à..., fait entre les mains de M..., à cause des circonstances du temps, dont la moitié appartient audit mineur; ci.　　　　»　　　»

3º Créan-ces exigibles
- Sur M..., à...
  pr rente due, » fr. » c.
- Sur Mme.., à..
  pr rente due. »　　　»

Dont la moitié, pour ledit mineur, est de la somme de...; ci.　　　　»　　　»

4º Une obligation du... an..., de la somme de..., moitié pour le mineur...　　　　»　　　»

5º Autre obligation notariée du...., de　　　　»　　　»

6º Autre obligation par..., apparte-nant en total au mineur, le sieur.... ayant déclaré lors de l'inventaire, ci.　　　　»　　　»

7º Reçu pour partie d'une rente pen-dant huit ans, déduction des imposi-tions, la somme de　　　　»　　　»

Total du premier Chapitre.　　　» fr. » c.

Chapitre deux.

A cause des intérêts reçus par ledit comptable de divers, pour prêt de numéraire appartenant audit... et de plusieurs autres recettes faites par ce dernier après son émancipation, dont les deniers ont été par lui remis audit tuteur pour en faire emploi.

1º De M... et de divers autres depuis le...., jusqu'à ce jour, pour prêt de... provenant du premier chapitre, à diverses époques, la somme de....; ci.   » fr. » c.

2º Reçu pour profit d'engrais de bestiaux maigres et autres élèves, déduction faite de la dépense, la somme de..; ci.   »

3º Reçu pour ventes de pois, fèves, blé, orge, avoine, etc., la somme de...., cette recette faite en détail par ledit..., après son émancipation, qui en a remis les deniers au comptable pour en faire l'emploi le plus utile ; ci.   »   »

4º Reçu de divers pour vente de jupes et souliers appartenant au sieur..., et provenant de la part à laquelle il avait droit, dans les vêtemens de feu sa mère, à la somme de   »   »

Observation. Il n'est point fait ici recette de la moitié des meubles ou valeur portée dans l'inventaire, attendu qu'ils ont été conservés et remis en nature audit.... immédiatement après son émancipation, suivant lots et estimation son choix.   *Mémoire.*

Total du deuxième Chapitre.   » fr. » c.

RÉCAPITULATION DE LA RECETTE.

Premier Chapitre. . . . » fr. » c. ⎫
Deuxième Chapitre. . . »   »   ⎬ » fr. » c.
                                  ⎭

Revenant lesdites deux sommes à celle de..., dont est mention au premier article du présent.

DÉPENSE.

Fait dépense, le comptable, de la somme de..., à laquelle montent les divers paiemens relatifs à la gestion et administration dudit..., ci-après spécifiés et justifiés par pièces probantes et en forme réunies au présent.

Chapitre unique.

A cause des paiemens faits pour frais de justice, funéraires et deuil de la défunte; pour les médecin, apothicaire, etc.; ceux de culture et poursuites de la rentrée des fonds dus audit..., mineur, et enfin ceux directement nécessités pour l'administration et gestion des intérêts du mineur, dont le détail suit.

1º Payé pour le luminaire, cercueil, charités et service, la somme de...; pour la part du mineur, moitié, ci.   » fr. » c.

2º Pour les frais de la dernière maladie de la défunte, suivant quittance, la somme de...; moitié,   »   »

3º Au sieur..., boucher, pour viande fournie en temps de droit, la somme

4º A la dame..., garde de la défunte.   »   »

5º Au sieur..., pour le deuil de la

A reporter. » fr. » c.

Report de l'autre part.   » fr. » c.

défunte.   »   »

6º Au sieur..., domestique.   »   »

7º Payé au receveur de l'enregistre-
ment, pour la déclaration de succession.   »   »

8º Payé à M..., receveur des contributions,   »   »

9º Payé pour l'acte de tutelle, émancipation et autres de cette nature, la
somme de   »   »

10º A divers ouvriers, suivant mémoires quittancés, pour journées employées à la culture pour le compte du
mineur,   »   »

11º Pour un voyage à.., pour y cher-
cher les parens,   »   »

12º Pour significations faites à .., et
autres frais judiciaires relatifs aux intérêts du mineur, la somme de   »   »

13º Entretien et éducation du sieur...   »   »

14º (*S'il a été fait d'autres paiemens, il faut les inscrire par continuation.*)

Total du Chapitre de Dépense.   » fr. » c.

RÉSULTAT FINAL..

La recette est de   » fr. » c.
La dépense est de   »   »

Partant, la recette ex-
cède le gain, et le reliquat
est de   » fr. » c.

OBJETS A RECOUVRER.

Déclare le rendant compte, qu'il est dû :
1º Par le sieur... la somme de...
2º Par le sieur... celle de....

Qu'il n'a pu obtenir paiement de ces sommes sur les poursuites qu'il a fait diriger contre les débiteurs.

DETTES A ACQUITTER PAR L'OYANT-COMPTE.

Il est dû à M... une rente foncière de » fr. » c. pour vente de deux pièces de terre sises à..., à l'échéance du... au capital de...., à M...., père de la défunte.

Il est dû à M..., maçon, demeurant à..., un mémoire qu'il réclame pour ouvrages de son état faits par lui à la propriété du mineur.

INVENTAIRE

Des Pièces justificatives du présent Compte, remises cejourd'hui à M... par M..., son père et tuteur.

1º Une liasse contenant huit pièces, qui sont les actes de tutelle, d'inventaire, d'émancipation, et une feuille où sont portés les recettes et dépenses diverses, les titres d'acquisitions des biens de...., et trois autres actes et contrats de rentes dont est question au compte; cette liasse cotée A.

2º Une autre liasse contenant les mémoires et quittances formant la dépense du présent, cotée B.

Fait à..., le.... an...

(Signature du Tuteur.)

On doit rendre le compte au pupille, et lui remettre les pièces à l'appui, au moins dix jours avant qu'il n'approuve le compte ; car l'approbation du compte est un traité sur le compte : il ne suffirait pas que l'acte d'arrêté de compte portât reconnaissance expresse par l'oyant que le compte et les pièces lui ont été simultanément remis dix jours auparavant ; il faut que la remise soit constatée, non par le traité, mais dix jours antérieurement.

Formule du Récépissé de l'Oyant-Compte à mettre à la suite d'un double du Compte pour rester aux mains du Tuteur.

Je soussigné.., domicilié à.., reconnais que M..., mon tuteur, m'a, cejourd'hui remis le double du présent compte de sa gestion de tuteur, et les pièces justificatives détaillées en l'inventaire ci-dessus, pour les examiner, vérifier, contredire ou accepter ledit compte, faire mes observations, s'il y a lieu, dans le délai que la loi m'accorde.

A..., le... an...

(Signature de l'Oyant-Compte.)

Nota. Pour donner date certaine à cet acte, il faut le faire enregistrer ; on ne peut obtenir de décharge de compte de tutelle que dix jours après la date du récépissé.

Décharge et Quittance de l'Oyant au Tuteur.

Je soussigné..., domicilié à..., assisté de..., déclare avoir procédé à l'examen et à la vérification du compte de tutelle et des pièces probantes et justificatives à l'appui, qui m'ont été remises à cet effet.

J'approuve et accepte ledit compte, étant exact, sincère et véritable.

Je reconnais que M....., mon tuteur, m'a à l'instant payé la somme de » fr. » c. pour l'excédant de la dépense.

Je déclare, en outre, avoir reçu en essence la part et portion des meubles à moi revenant de la succession de ma mère, immédiatement après mon émancipation.

En conséquence, je tiens quitte et décharge entièrement M..., tuteur, des fins de sa gestion et administration, ainsi que du présent compte, soldé, certifié exact, sincère et véritable.

Fait double, après lecture, à..., le... an...

Nota. Il est nécessaire de faire enregistrer cette décharge pour la régularité.

CHAPITRE II.

ACTES RELATIFS AUX SUCCESSIONS.

Du Partage des Successions et des rapports entre majeurs.

(*Art.* 819. *Code civ.*) Si tous les héritiers sont présens et majeurs, l'apposition des scellés sur les effets de la succession n'est pas nécessaire, et le partage peut être fait dans la forme et par tel acte que les parties intéressées jugent convenable.

823. Si l'un des cohéritiers refuse de consentir au partage, ou s'il s'élève des contestations soit sur le mode d'y procéder, soit sur la manière de le terminer, le tribunal prononce comme en matière sommaire; on commet, s'il y a lieu, pour les opérations du partage, un des juges, sur le rapport duquel il décide les contestations.

824. L'estimation des immeubles est faite par experts choisis par les parties intéressées, ou, à leur refus, nommés d'office.

Le procès-verbal des experts doit présenter les bases de l'estimation, il doit indiquer si l'objet estimé peut être commodément partagé, de quelle manière; fixer enfin, en cas de division, chacune des parts qu'on peut en former, et leur valeur.

825. L'estimation des meubles, s'il n'y a pas eu de prisées dans un inventaire régulier, doit être faite par gens à ce se connaissant, à juste prix et sans crue.

826. Chacun des cohéritiers peut demander sa part en nature des meubles et immeubles de la succession : néanmoins, s'il y a des créanciers saisissans ou opposans, ou si la majorité des cohéritiers juge la vente nécessaire pour l'acquit des dettes et charges de la succession, les meubles sont vendus publiquement en la forme ordinaire.

827. Si les immeubles ne peuvent pas se partager commodément, il doit être procédé à la vente par licitation devant le tribunal.

Cependant, les parties, si elles sont toutes majeures, peuvent consentir que la licitation soit faite devant un notaire sur le choix duquel elles s'accordent.

828. Après que les meubles et immeubles ont été estimés et vendus, s'il y a lieu, le juge commissaire renvoie les parties devant un notaire dont elles conviennent, ou nommé d'office, si les parties ne s'accordent pas sur le choix. — On procède devant cet officier, aux comptes que les copartageans peuvent se devoir, à la formation de la masse générale, à la composition des lots, et aux fournissemens à faire à chacun des copartageans.

829. Chaque cohéritier fait rapport à la masse, suivant les règles qui seront ci-après établies, des dons qui lui ont été faits, et des sommes dont il est débiteur.

830. Si le rapport n'est pas fait en nature, les cohéritiers à qui il est dû, prélèvent une portion égale sur la masse de la succession. — Les prélèvemens se font, autant que possible, en objets de même nature, qualité et bonté que les objets non rapportés en nature.

831. Après ces prélèvemens, il est procédé, sur ce qui reste dans la masse, à la composition d'autant de lots égaux qu'il y a d'héritiers copartageans, ou de souche copartageantes.

832. Dans la formation et composition des lots, on doit éviter, autant que possible, de morceler les héritages et de diviser les exploitations; et il convient de faire entrer dans chaque lot, s'il se peut, la même qnantité de meubles, d'immeubles, de droits ou de créances de même nature et valeur.

833. L'inégalité des lots en nature se compense par un retour, soit en rente, soit en argent.

834. Les lots sont faits par l'un des cohéritiers, s'ils peuvent convenir entre eux sur le choix, et si celui qu'ils avaient choisi accepte la commision : dans le cas contraire, les lots sont faits par un expert que le juge commissaire désigne. — Ils sont ensuite tirés au sort.

835. Avant de procéder au tirage des lots, chaque copartageant est admis à proposer ses réclamations contre leur formation.

836. Les règles établies pour la division des masses à partager, sont également observées dans la subdivision à faire entre les souches copartageantes.

837. Si, dans les opérations renvoyées devant un notaire, il s'élève des contestations, le notaire dressera procès-verbal des difficultés et des dires respectifs des parties, les renverra devant le commissaire nommé pour le partage, et au surplus, il sera procédé suivant les formes prescrites par les lois sur la procédure.

838. Si tous les cohéritiers ne sont pas présens, ou s'il y a parmi eux des interdits, ou des mineurs, même émancipés, le partage doit être fait en justice, conformément aux règles prescrites par les articles 819 et suivans, jusques et compris l'article précédent. S'il y a plusieurs mineurs qui aient des intérêts opposés dans le partage, il doit leur être donné à chacun un tuteur spécial et particulier.

842. Après le partage, remise doit être faite à chacun des copartageans, des titres particuliers aux objets qui lui seront échus. — Les titres d'une propriété divisée restent à celui qui a la plus grande

part, à la charge d'en aider ceux de ses copartageans qui y auront intérêt, quand il en sera requis. — Les titres communs à toute l'hérédité sont remis à celui que tous les héritiers ont choisi pour en être le dépositaire, à la charge d'en aider les copartageans, à toute réquisition. — S'il y a difficulté sur ce choix, il est réglé par le juge.

843. Tout héritier, même bénéficiaire, venant à une succession, doit rapporter à ses cohéritiers tout ce qu'il a reçu du défunt, par donation entre-vifs, directement ou indirectement : il ne peut retenir les dons ni réclamer les legs à lui faits par le défunt, à moins que les dons et legs ne lui aient été faits expressément par préciput et hors part, ou avec dispense du rapport.

985. Les testamens faits dans un lieu avec lequel toute communication sera interceptée, à cause de la peste ou autre maladie contagieuse, pourront être faits devant le juge de paix, ou devant l'un des officiers municipaux de la commune, en présence de deux témoins.

Du Paiement des Dettes.

870. Les cohéritiers contribuent entre eux au paiement des dettes et charges de la succession, chacun dans la proportion de ce qu'il y prend.

873. Les héritiers sont tenus des dettes et charges de la succession, personnellement pour leur part et portion virile, et hypothécairement pour le tout ; sauf leur recours, soit contre leurs cohéritiers, soit contre les légataires universels, à raison de la part pour laquelle ils doivent y contribuer.

Frais de scellés.

Les frais de scellés, s'il en a été apposés, d'inventaire et de compte, sont à la charge de la succession. (*Art.* 810. *Code civ.*)

Les héritiers légitimaires doivent contribuer aux frais de l'inventaire, comme les légataires universels.

Les héritiers présomptifs, même non réservataires, peuvent faire procéder à l'apposition des scellés et à la confection de l'inventaire, lors même qu'il existe un légataire universel, tant que le testament ne leur a point été notifié, ou lorsqu'ils l'attaquent, sauf dans ce dernier cas, à supporter les frais de scellés et de l'inventaire, s'ils succombent dans leur contestation.

Nomination d'Experts par les héritiers.

L'an..., le...

Entre les soussignés (*noms, prénoms et domicile*), tous trois héritiers de feu..., notre père, décédé à..., le..., a été convenu et arrêté ce qui suit :

Que notre intention est de procéder entre nous à l'amiable, au partage des immeubles qui nous sont échus par la succession de notre père, lesquels consistent en deux maisons sises à... et vingt pièces de terres situées audit lieu et communes circonvoisines.

Que, pour y parvenir et nous accorder sur la valeur à donner à chacun desdits immeubles, nous consentons, par le présent, d'un commun accord, nommer et choisir pour experts les sieurs..., tous deux domiciliés à..., et pour tiers, dans le cas où ils ne s'accorderaient pas sur l'estimation, le sieur..., de-

meurant à..., à l'effet de procéder à la visite et à
l'estimation desdits immeubles ; déclarons les dispenser du serment, et nons en rapporter à leurs avis,
renonçant à y contrevenir, pour, après le rapport
fait et remis à l'un de nous, être procédé à la formation et au tirage des lots, nous obligeant de leur
payer leurs vacations à frais communs, c'est-à-dire
chacun notre part contributive.

Fait triple à...., et signé, après lecture, l'an et
jour susdits.

Nota. Il est libre aux héritiers de ne nommer
qu'un seul expert, s'il a les connaissances suffisan-
tes ; ils peuvent aussi estimer par eux-mêmes, étant
d'accord.

Procès - verbal d'Experts.

L'an..., le...., nous soussignés (*noms, prénoms
et domiciles*), nommés experts par les sieurs..., suivant acte sous seing-privé fait triple entre eux, le...,
enregistré à... par M..., receveur, qui a reçu » fr.
» c.; tous trois héritiers de feu.., décédé à..., le...,
à l'effet de procéder à la vente et estimation des biens
immeubles dépendant de la succession, désignés audit acte, nous dispensant de prêter serment, pour ensuite faire notre rapport, et le remettre à l'un d'eux,
afin de parvenir et lès faciliter à faire lots et partage.
En conséquence de la réquisition desdits dénommés,
nous nous sommes transportés ledit jour, heure de .,
pour remplir notre mission.

1º En une maison située à..., limitée D... C...,
D. C..., D. B... et D. B..., construite en maçon-
nerie, bois de charpente; couverte en ardoise, à deux

étages. Après l'avoir vue et examinée attentivement, nous l'avons estimée unanimement à la somme de..., ci.   » fr. » c.

2° En une autre maison sise à..., etc., estimée à..., ci.   »   »

3° Sur une pièce de terre située commune de.., triège de.., limitée D. C..., D. C..., D. B... et D. B..., que nous avons estimée, après la visite, à..., ci.   »   »

Ainsi de suite.

Total... » fr. » c.

De ce que dessus, nous avons fait et rédigé le présent procès-verbal de visite et estimation, que nous affirmons sincère et véritable, pour valoir auxdits héritiers ce qu'il appartiendra, auquel nous avons employé deux vacations dont acte signé, lecture faite, l'an et jour susdits.

Si les deux experts sont d'avis différens dans leurs estimations, et n'ont pu s'accorder, le tiers expert, après avoir pris communication du rapport, examinera la nature des lieux, donnera son avis, et fera son rapport.

Modèle d'un Partage de Succession entre Héritiers majeurs.

L'an..., le...

Entre nous soussignés,

1°....., domicilié à....; 2°...., demeurant à....; 3° et...., résidant à...; tous enfans et héritiers de..., notre père, décédé à..., le,...

A été procédé, ainsi qu'il suit, aux lots et partage des biens immeubles et rentes dépendant de sa succession, lesquels consistent,

1° En une maison située à..., rue..., n°,..., consistant, au rez-de-chaussée, etc.; ladite maison estimée..., ci.   » fr. » c.

2° En une autre maison (*en faire la désignation, contenance déterminée et limite*), estimée à..., ci.   »   »

3° Dans les héritages sis commune de...

Consistant en une maison sise à....., estimée à..., ci.   »   »

Et vingt pièces de terres labourables :

La 1re contenant...hectares...ares...centiares, au triège de..., limitée D... C..., D. C..., D. B... et D. B..., estimée à..., ci.   »   »

La 2e..., etc., ci.   »   »

La 3e..., etc., ci.   »   »

Ainsi de suite.

4° En une rente de » fr. » c., au capital de » fr. » c., due par le sieur..., ci.   »   »

5° En une autre rente de..., etc., ci.   »   »

Total. . . . »   »

Chaque cohéritier doit avoir pour sa part une somme de..., d'après l'estimation ci-dessus faite par les sieurs..., experts nommés par nous, suivant acte sous seing, fait triple le..., enregistré le..., et leur procès-verbal remis entre nos mains, à la date du..., enregistré le..., à...

En conséquence, nous avons fait choix du sieur...,
l'un de nous, pour faire lesdits lots, qui a accepté la
commission, et s'est chargé de la division en trois
lots sur l'appréciation des biens. Il les a composés de
la manière ci-après.

LOTS.

Le premier lot se compose, 1° de la maison sise
à..., n°..., ci-dessus, bornée et désignée dans l'état
où elle se trouve actuellement;

2° D'une autre maison sise à..., n°..., ci-devant
désignée.

2e *Lot.*

Se compose, 1° d'une maison sise commune de...;

2° D'une pièce de terre sise audit lieu, de la contenance de... hectares... ares, triège, limitée D...
C..., D. C..., D. B... et D. B...;

3° D'une autre pièce de terre, etc.

3e *et dernier Lot.*

Se compose de dix-huit pièces de terres labourables situées communes de...

La 1re..., etc.

La 2e..., etc.

Ainsi de suite.

Plus, des deux rentes de...

Les lots ainsi faits, nous déclarons les admettre,
et n'avoir aucunes réclamations à faire contre leur
formation; ensuite nous avons tiré au sort : le 1er lot
est échu à..., le 2e à..., et le 3e à..., pour, par
nous, en faire jouir et disposer en toute propriété,
comme de choses à nous appartenant, à dater de ce
jour.

Les présens lots seront garans les uns des autres.

Les maisons ou terre qui composent les présens lots seront pris dans l'état sans répétition de mesure ni de surmesure.

Chacun des copartageans sera tenu de souffrir les servitudes existant sur son lot, si aucunes existent, sauf à s'en défendre à ses risques et périls, et |sans appeler ses cohéritiers aux contestations qui pourraient naître à cet égard.

Nous reconnaissons en outre que les meubles ont été partagés et les dettes payées en commun; s'il s'en découvrait d'autres, elles seraient pareillement acquittées par chacun nos parts contributives, et que les titres des propriétés ont été également remis à chacun de nous concernant chaque lot, ainsi que ceux des rentes.

Les droits de mutation dus pour la succession, les frais d'enregistrement et de timbre du présent acte seront payés par portions égales.

Fait et signé triple après lecture à   l'an et jour susdits.

(Les signatures, avec approbation d'écriture.)

OBSERVATIONS.

L'inégalité des lots en nature se compense par un retour, soit en rente, soit en argent, art. 833 Code civil; il faudrait ajouter aux lots ce qui suit : la maison qui fait l'objet du premier lot demeure affectée par hypothèque aux sommes et rentes que ledit lot est chargé d'acquitter; en conséquence, le s.... s'oblige, à la première réquisition, soit du s... ou... de déclarer par acte devant notaire, et à ses frais, que

ladite maison est affectée par privilége et hypothèque aux sommes et rentes qu'il doit, afin que le s.…
puisse prendre inscription sur ladite maison.

2109. Le cohéritier ou copartageant conserve
son privilége sur les biens de chaque lot ou sur le
bien licité, pour les soultes et retour de lots, eu pour
le prix de la licitation, par l'inscription faite, à sa
diligence, dans soixante jours, à dater de l'acte de
partage ou de l'adjudication par licitation; durant lequel temps aucune hypothèque ne peut avoir lieu sur
le bien chargé de soulte où adjugé par licitation, au
préjudice du créancier de la soulte ou du prix.

CHAPITRE III.

TESTAMENS OLOGRAPHES.

Du Testament olographe, ou sous seing-
privé.

967. Toute personne pourra disposer par testament, soit sous le titre d'institution d'héritier, soit
sous le titre de legs, soit sous toute autre dénomination propre à manifester sa volonté.

968. Un testament ne pourra être fait dans le
même acte par deux ou plusieurs personnes, soit au
profit d'un tiers, soit à titre de disposition réciproque et mutuelle.

969. Un testament pourra être olographe, ou fait par acte public ou dans la forme mystique.

970. Le testament olographe ne sera point valable, s'il n'est écrit en entier, daté et signé de la main du testateur : il n'est assujéti à aucune autre forme.

999. Un Français qui se trouvera en pays étranger, pourra faire ses dispositions testamentaires par acte sous signature privée, ainsi qu'il est prescrit en l'article 770, ou par acte authentique, avec les formes usitées dans le lieu où cet acte sera passé.

1001. Les formalités auxquelles les divers testamens sont assujétis par les dispositions de la présente section et de la précédente, doivent être observées à peine de nullité.

De la Portion des Biens disponibles.

913. Les libéralités, soit par actes entre-vifs, soit par testamens, ne pourront excéder la moitié des biens du disposant, s'il ne laisse à son décès qu'un enfant légitime ; le tiers, s'il laisse deux enfans, le quart, s'il en laisse trois ou un plus grand nombre.

914. Sont compris dans l'article précédent, sous le nom d'*enfans*, les descendans en quelque degré que ce soit ; néanmoins ils ne sont comptés que pour l'enfant qu'ils représentent dans la succession du disposant.

915. Les libéralités, par actes entre-vifs ou par testament, ne pourront excéder la moitié des biens, si, à défaut d'enfans, le défunt laisse un ou plusieurs ascendans dans chacune des lignes paternelle et ma-

ternelle ; et les trois quarts , s'il ne laisse d'ascendans que dans une ligne. — Les biens ainsi réservés au profit des ascendans, seront par eux recueillis dans l'ordre où la loi les appelle à succéder ; ils auront seuls le droit de cette réserve, dans tous les cas où un partage en concurrence avec des collatéraux ne leur donnerait pas la quotité de biens à laquelle elle est fixée.

916. A défaut d'ascendans et de descendans, les libéralités par actes entre-vifs ou testamentaires, pourront épuiser la totalité des biens.

917. Si la disposition par acte entre-vifs ou par testament est d'un usufruit ou d'une rente viagère dont la valeur excède la quotité disponible, les héritiers au profit desquels la loi fait une réserve, auront l'option, ou d'exécuter cette disposition, ou de faire l'abandon de la propriété de la quotité disponible.

918. La valeur en pleine propriété des biens aliénés, soit à charge de rente viagère, soit à fonds perdus, ou avec réserve d'usufruit, à l'un des successibles en ligne directe, sera imputée sur la portion disponible ; et l'excédant, s'il y en a, sera rapporté à la masse. Cette imputation et ce rapport ne pourront être demandés par ceux des autres successibles en ligne directe qui auraient consenti à ces aliénations, ni, dans aucun cas, par les successibles en ligne collatérale.

919. La quotité disponible pourra être donnée en tout ou en partie, soit par acte entre-vifs, soit par testament, aux enfans ou autres successibles du donateur, sans être sujette au rapport, par le donataire ou le légataire venant à la succession, po u

vu que la disposition ait été faite expressément à titre de préciput ou hors part.

La déclaration que le don ou le legs est à titre de préciput ou hors part, pourra être faite, soit par l'acte qui contiendra la disposition, soit postérieurement dans la forme des dispositions entre-vifs ou testamentaires.

De la Rédaction des Donations et Legs.

920. Les dispositions soit entre-vifs, soit à cause de mort, qui excéderont la quotité disponible, seront réductibles à cette quotité, lors de l'ouverture de la succession.

926. Lorsque les dispositions testamentaires excéderont, soit la quotité disponible, soit la portion de cette quotité qui resterait après avoir déduit la valeur des donations entre-vifs, la réduction sera faite au marc le franc, sans aucune distinction entre les legs universels et les legs particuliers.

927. Néanmoins, dans tous les cas où le testateur aura expressément déclaré qu'il entend que tel legs soit acquitté de préférence aux autres, cette préférence aura lieu, et le legs qui en sera l'objet, ne sera réduit qu'autant que la valeur des autres ne remplirait pas la réserve légale.

Formule d'un Testament olographe.

Je soussigné (*nom*, *prénoms*, *profession et domicile*) déclare, que ne pouvant payer à... ma domestique, native de..., la somme de... que je lui dois, tant pour plusieurs années de gages à raison de... par an, qui lui sont dus, que pour l'indemniser autant qu'il est en mon pouvoir, et reconnaître les bons services qu'elle m'a rendus pendant plus de... ans et qu'elle continuera jusqu'à la fin de mes jours, mariée ou non mariée; je lui donne et lègue par le présent, mon testament, généralement tous les biens meubles et effets mobiliers qui se trouveront m'appartenir lors de mon décès, l'instituant en cette partie ma légataire universelle, et voulant qu'au jour de mon décès elle soit saisie de tout mon mobilier pour en jouir, faire et disposer en toute propriété, à la charge par elle de payer mes dettes et de me faire inhumer chrétiennement. N'ayant fait précédemment aucun testament, je veux que le présent, que j'ai écrit en entier, daté et signé de ma main, soit seul exécuté. A..., ce..., an... signé (après avoir relu attentivement).

Autre Formule.

Je soussigné (*comme en la précédente*) étant en santé de corps et d'esprit, et voulant disposer pour le temps où je n'existerai plus, donne et lègue à (*nom, profession et domicile du légataire, parens ou amis*), tous mes biens meubles et immeubles, dont il m'est permis de disposer, conformément à la loi. Fait à..., le..., an...

Autre Formule.

Je soussigné (*comme en la précédente*) donne et lègue à..., pour en jouir après mon décès, la somme de... f., une fois payée.

Je donne et lègue à..., la somme de... f., de rente viagère ou perpétuelle.

Je donne et lègue à..., etc. Je veux que le surplus de mes biens soit partagé entre tous mes héritiers, en conformité de la loi : telles sont mes dispositions de dernière volonté. A..., le..., an...

Autre Formule.

Je soussigné, etc... donne et lègue à M. (*désigner l'objet*),comme un gage de ma reconnaissance, pour toutes ses peines et soins. A..., le..., an...

Nota. Le testament doit être écrit en entier, daté et signé de la main du testateur. La date en toutes lettres, et non en chiffres; s'il se trouve des mots, des lignes rayées, en faire mention, les annuler, avoir soin de signer les renvois. Le défaut de formalité entraîne la nullité de l'acte.

CHAPITRE IV.

DES OBLIGATIONS.

Engagement à des époques fixes; Promesses de livrer des ouvrages; Reconnaissances de Sommes dues, d'Ouvrages fournis, Engagement d'Apprentis, etc.

Promesses sous seing privé.

Je soussigné (*nom, prénoms, profession et do-micile du débiteur*) reconnais devoir bien et légitimement,

A M..., domicilié à..., la somme de (*en toutes lettres*), pour prêt qu'il m'a fait cejourd'hui en argent (*ou précédemment*), laquelle somme je m'oblige lui rendre et payer en son domicile, le... prochain, sans intérêt. Fait à..., le..., an...

Autre Formule, avec Caution.

Je soussigné (*comme ci-dessus*).

La somme de (*en toutes lettres*), pour prêt qu'il m'a fait à l'instant en argent et monnaie d'appoint, laquelle somme je m'oblige à rembourser et payer dans trois ans de ce jour, aux mains et domicile de M...,
et, en attendant, de lui payer l'intérêt à cinq pour

cent par an, exempt d'impôt et retenue quelconques, ce qui fera, par chaque an, la somme de... La première année sera payée le... (*ou dans un an de ce jour*), la deuxième le..., et la troisième avec le paiement de la somme principale, au jour de son exigibilité.

Et, pour assurer le paiement de ladite somme principale et les intérêts aux termes sus-fixés, s'est présenté le sieur.. (*noms, profession et domicile*), lequel s'est rendu pleige, caution et répondant solidaire dudit sieur envers M...; ce acceptant pour le paiement de ladite somme de... et des intérêts, s'en rendant le principal garant, sous la renonciation en bénéfice de discussion.

Fait à..., le..., an...

(Signature du Débiteur.)

La caution mettra :

« Approuvé le contenu en l'obligation, et m'en rend caution. »

Obligation solidaire.

Nous soussignés (*noms, etc.*), reconnaissons devoir à M... la somme de..., qu'il nous a prêtée pour nos besoins, que nous nous obligeons solidairement, l'un de nous seul pour tous, rendre et payer le.. prochain, sans intérêts (*ou avec l'intérêt à cinq pour cent par an, en exception de tous droits et retenue*), en son domicile. Fait à..., le..., an...

(Signature des Souscripteurs.)

Si l'obligation est faite par le mari et son épouse, il faut énoncer :

Nous soussignés… et…, mon épouse, que j'autorise à l'effet des présentes (*le surplus comme celle ci-dessus*).

Brevet d'Apprentissage dans une Manufacture ou Filature, pour un Mineur.

Le…, an…

Entre M. V.., directeur de la manufacture, filature hydraulique de coton, sise à .., arrondissement de …, départ. de …, y demeurant, d'une part;

Et … le sieur .., domicilié à .., d'autre part;

A été convenu et arrêté ce qui suit : que le sieur S… père, ci-dessus qualifié et domicilié, consent et s'oblige de confier et mettre en apprentissage dans ladite manufacture le nommé C… S… son fils, âgé de … ans, né à…, département de…, le…, pour y rester jusqu'à l'âge de vingt-un ans accomplis, et y être employé. A la charge par ledit S… de suivre à cet égard les instructions qui lui seront données, de se conformer aux usages et règles établies pour ladite manufacture, tant pour les heures de travail, que pour les travaux auxquels il sera employé; de ne pouvoir, sous aucun prétexte, s'absenter dudit établissement, même sur la réquisition de ses parens, sans le consentement exprès et formel dudit sieur V…; enfin de se conformer en tout aux règles de l'établissement, relatives tant à l'éducation qu'à la tenue générale des enfans qui lui sont confiés; auxquelles conditions sus-énoncée ledit S… père s'oblige personnellement comme civilement garant et responsable des faits dudit S… son fils. Et par ledit sieur V…, a été convenu de recevoir et garder chez lui,

4*

à titre d'apprenti, ledit S... fils, jusqu'à l'âge de vingt-un ans accomplis, de lui apprendre et montrer les différens ouvrages qui ont lieu dans sa filature, de manière qu'à l'expiration du temps sus-fixé, il soit en état de gagner sa vie, soit dans sa manufacture, soit dans telle autre manufacture de ce genre, ainsi que les enfans du pays qui y sont employés ; de le loger, nourrir, chauffer, éclairer et entretenir de tous vêtemens, tant en santé qu'en maladie, jusqu'audit âge de vingt-un ans accomplis, excepté seulement en cas de maladie contagieuse ou incurable, auquel cas il serait autorisé, d'après le certificat d'un chirurgien, constatant le genre de maladie et son incurabilité, de le renvoyer à son père ; s'engage pareillement à lui faire apprendre à lire, écrire, et à le faire élever dans les principes et exercices de la religion chrétienne.

Et, au moyen de ce que ledit sieur V... s'engage à avoir pour lui tous les soins que les sentimens d'humanité et ses propres intérêts exigent, ledit S... père confère audit sieur V... les mêmes droits qu'il aurait lui-même sur lui concernant sa conduite, son travail et son éducation.

Ledit sieur V... s'oblige, en outre, à l'expiration de l'âge de vingt-un ans accomplis, de compter et payer audit sieur... fils, par forme de gratification, pour le temps qu'il aura été employé à son établissement, une somme de..., qui lui sera délivrée sur sa quittance, et de lui laisser des vêtemens qui seront de la valeur de....

Et si, à ladite époque, ledit sieur V... est satisfait de la conduite et du travail dudit sieur..., et qu'il désire rester attaché à son établissement, il sera alors fait, de gré à gré, un nouvel engagement entre les parties.

Enfin, est convenu entre les parties que, quoique les parens auront toutes les facultés de venir voir ledit S..., ils ne pourront cependant le voir que dans l'intérieur de l'établissement, et hors les jours et heures de travail, et sans pouvoir l'emmener au-dehors, cela étant contraire aux règles de la maison; comme aussi que ledit sieur V... n'entrera nullement dans leurs frais de voyage, séjour et dépenses à cet égard.

Les clauses et conditions ci-dessus ont été consenties et arrêtées double entre les parties, après lecture, à..., l'an et jour susdits.

Autre Brevet pour apprendre au Mineur l'état de Chaudronnier et Ferblantier.

Le..., an...

Entre... B..., maître chaudronnier et ferblantier, demeurant à..., rue..., n°...;

Et F... M..., propriétaire, demeurant à..., a été convenu ce qui suit :

Que ledit B... prend, à titre d'apprenti, N. M..., fils dudit F..., envers lequel il promet et s'oblige lui apprendre et montrer son état de chaudronnier-ferblantier, à partir de cejourd'hui, pour et pendant le temps et espace de quatre années consécutives, lesquelles expireront à pareil jour de l'an...

S'oblige ledit sieur M... père de nourrir de pain ledit son fils, à raison de quatre kilogrammes (huit livres), par chaque semaine, pendant les deux premières années dudit apprentissage, à partir de cejourd'hui.

S'oblige, en outre, à fournir un lit pour le coucher de son fils, comme aussi de draps et autre linge qui lui seraient nécessaires, et ce pendant tout le temps dudit apprentissage.

S'oblige enfin ledit M... père, pour raison dudit apprentissage, et en outre de ce que dessus, de payer audit B... une somme de..., en quatre termes et paiemens égaux, le premier le..., et les trois autres de six mois en six mois, à partir de cette dernière époque.

Le sieur B.... s'oblige, outre ce que dessus, de nourrir ledit M... fils, à l'exception de pain, comme il est dit, et pour le temps ci-dessus fixé.

Dans le cas où le sieur M... fils quitterait de son bon gré et propre volonté son apprentissage avant le temps ci-dessus déterminé ledit sieur M... père s'oblige, en outre, à payer audit B..., à titre d'indemnité, une somme de..., parceque ledit B... s'oblige envers le sieur M... à pareille somme d'indemnité dans le cas où la cessation de l'apprentissage proviendrait du fait ou de la volonté dudit B...

De tout ce que dessus, les parties sont convenues et demeurées d'accord, et ont promis l'exécuter chacune pour leur fait et regard, et ont signé, les jour, mois et an que dessus, au présent. Fait double après lecture.

Brevet pour apprendre à un Mineur l'état d'Horloger.

Le..., an...

Entre le sieur M..., demeurant à..., et le sieur V..., domicilié à...

A été convenu et arrêté ce qui suit :

Que le sieur M.., désirant faire apprendre au sieur M.. son fils, l'art de l'horlogerie, aurait proposé audit sieur V... de le mettre en apprentissage sous lui pendant le temps de... ans consécutifs, qui commenceront le..., à quoi le sieur V... a consenti et accepté prendre le sieur M... fils pour son élève, auquel il s'oblige d'enseigner ledit art autant que possible, sans ne lui rien cacher. Le sieur M... fils se rendra chez ledit sieur V.., qui lui fixera les heures, pour obéir en tout ce qu'il lui commandera.

Le présent marché est fait moyennant la somme de..., payable en quatre termes et paiemens égaux, le premier desquels sera dû et exigible le..., le deuxième le... suivant, pour ainsi continuer de six mois en six mois.

A la charge, en outre, par ledit sieur M... de nourrir son fils, le loger et blanchir.

Il est de convention que, dans le cas où ledit sieur M.., son fils, serait obligé d'interrompre le cours de son travail, par maladie ou par quelque cause que ce soit, il sera obligé de récupérer le même espace de temps qu'il aurait perdu pour compléter son temps.

S'oblige enfin le sieur M... père, dans le cas où son fils viendrait à quitter avant l'expiration des... ans et la confection du temps, pour quelques causes ou prétextes que ce soit, de payer audit sieur V... le complément de la somme de...; mais si, au contraire, le fils M... décédait pendant le temps de son apprentissage, le sieur V... ne serait payé qu'au prorata du temps durant lequel il aurait travaillé.

Fait double et signé après lecture, les jour et an susdits.

Brevet pour apprendre à une Demoiselle l'état de Couturière.

Le..., an...,

Entre les soussignés, dame B... et M... pour autoriser son épouse, domiciliés à..., d'une part,

Et dame F... ou M. F..., domicilié à..., d'autre part ;

A été arrêté et convenu ce qui suit :

Que la dame F... donne et confie à madame B..., pendant deux ans, à compter de..., pour enseigner son état de couturière, la demoiselle E..., sa fille, et s'oblige à la faire demeurer chez la dame B..., l'entrenir d'habillemens et blanchir, et dans le cas où sa fille sortirait avant l'expiration du temps déterminé pour son apprentissage, pour quelque cause que ce soit, elle s'oblige personnellement, comme civilement garant et responsable des faits de sa fille, de payer à la dame B... la somme de...fr. pour lui valoir d'indemnité.

Au moyen des obligations ci-dessus, la dame B... accepte de recevoir chez elle, nourrir, loger, chauffer et montrer avec attention son état de couturière ; à blanchir, repasser, plisser, à bien coudre, et à faire des traitures à tous linges fins, pendant la durée de son apprentissage, pour autant que ladite demoiselle F... aura de dispositions, et la mettre à même de l'exercer chez toutes les maîtresses où elle pourrait se présenter à l'expiration de son temps.

Il est de convention : en cas de maladie, la dame F... s'oblige de reprendre sa fille jusqu'à son rétablissement et de la renvoyer chez la dame B..., pour y faire son temps, parce que, faute de ce faire, la dame F... paiera l'endemnité ci-devant fixée.

Fait et signé double après lecture, à..., l'an et jour susdits.

Prescription pour les marchés faits verbalement.

Si le marché est verbal, et que le prix de l'apprentissage ne soit pas payé par l'apprenti ou ses représentans dans l'an de sa sortie, la prescription est acquise d'après l'art. 2272 du Code civ.

CHAPITRE V.

ACTES RELATIFS AUX FAMILLES.

De la Minorité.

388. *Code civ.* Le mineur est l'individu de l'un et de l'autre sexe qui n'a point encore l'âge de vingt-un ans accomplis.

De la Majorité.

488. La majorité est fixée à vingt-un ans accomplis ; à cet âge on est capable de tous les actes de la vie civile, sauf la restriction portée au titre du mariage.

Des Obligations qui naissent du mariage.

203. Les époux contractent ensemble, par l'effet seul du mariage, l'obligation de nourrir, d'entrenir et d'élever leurs enfans.

1409. La communauté se compose : des alimens des époux, de l'éducation et entretien des enfans, et de toute autre charge du mariage.

1448. La femme qui a obtenu la séparation de biens doit contribuer proportionellement à ses facultés et à celles du mari, tant aux frais du ménage qu'à ceux d'éducation des enfans communs. Elle doit supporter entièrement ces frais, s'il ne reste rien au mari.

217. La femme, même non commune, ou séparée de biens, ne peut donner, aliéner, hypothéquer, acquérir à titre gratuit ou onéreux, sans le concours du mari dans l'acte, ou son consentement par écrit.

1558. L'immeuble dotal peut être aliéné avec permission de justice, pour fournir des alimens à la famille dans le cas prévu par l'art. 203.

7. *Code de com.* Les femmes marchandes publiques, peuvent également engager, hypothéquer, aliéner leurs immeubles.

Toutefois, les biens stipulés dotaux, quand elles sont mariées sous le régime dotal, ne peuvent être hypothéqués ni aliénés que dans les cas déterminés, et avec les formes réglées par le Code civ.

De l'Adoption

349. L'obligation naturelle, qui continuer d'exister entre l'adopté et ses père et mère, de se four

nir des alimens dans les cas déterminés par la loi, sera
considéré comme commune à l'adoptant et à l'adopté,
l'un envers l'autre.

De la Puissance paternelle.

371. L'enfant à tout âge, doit honneur et respect à ses père et mère.

372. Il reste sous leur autorité jusqu'à sa majorité
ou son émancipation.

373. Le père seul, exerce cette autorité durant
le mariage.

374. L'enfant ne peut quitter la maison paternelle sans la permisson de son père, si ce n'est pour
enrôlement volontaire, après l'âge de dix-huit ans
révolus.

384. Le père, durant le mariage, et, après la dissolution du mariage, le survivant des père et mère,
auront la jouissance des biens de leurs enfans jusqu'à
l'âge de dix-huit ans accomplis, ou jusqu'à l'émancipation qui pourrait avoir lieu avant l'âge de dix-
huit ans.

385. Les charges de cette jouissance seront, n° 2,
la nourriture, l'entretien et l'éducation des enfans,
selon leur fortune; n°4, les frais funéraires et ceux
de dernière maladie.

De la Tutelle des père et mère.

389. Le père est, durant le mariage, administra-
teur des biens personnels de ses enfans mineurs.

450. Le tuteur prendra soin de la personne du
mineur, et le représentera dans tous les actes civils.

Il administrera ses biens en bon père de famille, et

répondra des dommages-intérêts qui pourraient résulter d'une mauvaise gestion.

Il ne peut, ni acheter les biens du mineur, ni les prendre à ferme, à moins que le conseil de famille n'ait autorisé le subrogé-tuteur à lui en passer bail, ni accepter la cession d'aucun droit ou créance contre son pupille.

454. Lors de l'entrée en exercice de toute tutelle, autre que celle des père et mère, le conseil de famille réglera, par aperçu, et selon l'importance des biens régis, la somme à laquelle pourra s'élever la dépense annuelle du mineur, ainsi que celle d'administration de ses biens.

455. Ce conseil déterminera positivement la somme à laquelle commencera, pour le tuteur, l'obligation d'employer l'excédant des revenus sur les dépenses.

457. Le tuteur, même le père ou la mère, ne peut emprunter pour le mineur, ni aliéner ou hypothéquer ses biens immeubles, sans y être autorisé par un conseil de famille.

Cette autorisation ne devra être accordée que pour cause d'une nécessité absolue, ou d'un avantage évident.

Dans le premier cas, le conseil de famille n'accordera son autorisation qu'après qu'il aura été constaté par un compte sommaire présenté par le tuteur, que les derniers effets mobiliers et revenus des mineurs sont insuffisans.

Le conseil de famille indiquera, dans tous les cas, les immeubles qui devront être vendus de préférence, et de toutes les conditions qu'il jugera utiles.

467. Le tuteur ne pourra transiger au nom du

mineur, qu'après avoir été autorisé par le conseil de famille, et de l'avis de trois jurisconsultes désignés par le procureur du roi près le tribunal de première instance.

La transaction ne sera valable qu'autant qu'elle aura été homologuée par le tribunal de première instance, après avoir entendu le procureur du roi.

2045. Le tuteur ne peut transiger pour le mineur ou l'interdit, que conformément à l'art. 467, au titre de la minorité, de la tutelle et de l'émancipation.

2 *Code de com.* Tout mineur émancipé de l'un et de l'autre sexe, âgé de dix-huit ans accomplis, qui voudra profiter de la faculté que lui accorde l'art. 487 du Code civil, de faire le commerce, ne pourra en commencer les opérations, ni être réputé majeur, quant aux engagemens par lui contractés pour faits de commerce, 1º s'il n'a été préalablement autorisé par son père, ou, à défaut du père et de la mère, par une délibération du conseil de famille, homologuée par le tribunal civil ; 2º si, en outre, l'acte d'autorisation n'a été enregistré et affiché au tribunal de commerce du lieu ou le mineur veut établir son domicile.

6. Les mineurs marchands autorisés comme il en est dit ci-dessus, peuvent engager et hypothéquer leurs immeubles.

Ils peuvent même les aliéner, mais en suivant les formalités prescrites par les art. 457 et suivans du Code civil.

De l'Emancipation.

476. *Code civ.* Le mineur est émancipé de plein droit par le mariage.

477. Le mineur, même non marié, pourra être émancipé par son père, ou, à défaut de père, par sa mère, lorsqu'il aura atteint l'âge de quinze ans révolus.

Cette émancipation s'opérera par la seule déclaration du père ou de la mère, reçue par le juge de paix assisté de son greffier.

478. Le mineur resté sans père ni mère, pourra aussi, mais seulement à l'âge de dix-huit ans accomplis, être émancipé, si le conseil de famille l'en juge capable.

En ce cas, l'émancipation résultera de la délibération qui l'aura autorisée, et de la déclaration que le juge de paix, comme président du conseil de famille, aura faite dans le même acte, que le mineur est émancipé.

481. Le mineur émancipé passera les baux, dont la durée n'excédera point neuf ans; il recevra se revenus, donnera décharge et fera tous les actes qui ne sont que de pure administration, sans être restituable contre ces actes, dans tous les cas où le majeur ne le serait pas lui-même.

482. Il ne pourra intenter une action immobilière, ni y défendre, même recevoir ou donner déchage d'un capital mobilier, sans l'assistance de son curateur, qui, au dernier cas, surveillera l'emploi du capital reçu.

483. Le mineur émancipé ne pourra faire d'emprunts, sous aucuns prétextes, sans une délibération du conseil de famille, homologuée par le tribunal de première instance, après avoir entendu le procureur du roi.

484. Il ne pourra non plus vendre ni aliéner ses

immeubles, ni faire aucun autre acte que ceux de pure administration, sans observer les formes prescrites au mineur non émancipé.

A l'égard des obligations qu'il aurait contractées, par voie d'achats ou autrement, elles seront réductibles en cas d'excès; les tribunaux prendront, à ce sujet, en considération la fortune du mineur, la bonne ou mauvaise foi des personnes qui auront contracté avec lui, l'utilité ou l'inutilité des dépenses.

487. Le mineur émancipé qui fait un commerce, est réputé majeur pour les faits relatifs à ce commerce.

De l'Interdiction.

489. *Code civ.* Le majeur qui est dans un état habituel d'imbécilité, démence ou de fureur, doit être interdit, même lorsque cet état présente des intervalles lucides.

501. Tout arrêt ou jugement portant interdiction ou nomination d'un conseil, sera, à la diligence des demandeurs, levé, signifié à partie, et inscrit, dans les dix jours, dans les tableaux qui doivent être affichés dans la salle de l'auditoire et dans les études des notaires de l'arrondissement.

502. L'interdiction ou la nomination d'un conseil aura son effet du jour du jugement, tous actes passés postérieurement par l'interdit, ou sans l'assistance du conseil, seront nuls de droit.

503. Les actes antérieurs à l'interdiction pourront être annulés, si la cause de l'interdiction existait notoirement à l'époque ou ces actes ont été faits.

509. L'interdit est assimilé au mineur, pour sa

personne et pour ses biens ; les lois sur la tutelle des mineurs s'appliqueront à la tutelle des interdits.

512. L'interdiction cesse avec les causes qui l'ont déterminée ; néanmoins la main levée ne sera prononcée qu'en observant les formalités prescrites pour parvenir à l'interdiction, et l'interdit ne pourra reprendre l'exercice de ses droits qu'après le jugement de main-levée.

Du Conseil judiciaire.

513. Il peut être défendu aux prodigues de plaider, de transiger, d'emprunter, de recevoir un capital mobilier et d'en donner décharge, d'aliéner ni de grever leurs biens d'hypothèques, sans l'assistance d'un conseil, qui leur est nommé par le tribunal.

514. La défense de procéder sans l'assistance d'un conseil peut être provoquée par ceux qui ont droit de demander l'interdiction, leur demande doit être instruite et jugée de la même manière.

Cette défense ne peut être levée, qu'en observant les mêmes formalités.

515. Aucun jugement, en matière d'interdiction ou de nomination du conseil, ne pourra être rendu, soit en première instance, soit en cause d'appel, que sur les conclusions du ministère public.

CHAPITRE VI.

DE LA VENTE.

De la Nature et de la Forme de la Vente.

1582. La vente est une convention par laquelle l'un s'oblige à livrer une chose et l'autre à la payer. — Elle peut être faite par acte authentique ou sous seing privé.

1583. Elle est parfaite entre les parties, et la propriété est acquise de droit à l'acheteur à l'égard du vendeur, dès qu'on est convenu de la chose et du prix, quoique la chose n'ait pas encore été livrée ni le prix payé.

1584. La vente peut être faite purement et simplement, ou sous une condition sois suspensive, soit résolutoire.

Elle peut aussi avoir pour objet deux ou plusieurs choses alternatives.

Dans tous les cas, son effet est réglé par les principes généraux des conventions.

1585. Lorsque des marchandises ne sont pas vendues en bloc, mais au poids, au compte ou à la mesure, la vente n'est point parfaite, en ce sens que les choses vendues sont aux risques du vendeur jusqu'à ce qu'elles soient pesées, comptées ou mesurées ; mais l'acheteur peut en demander ou la délivrance ou des dommages-intérêts, s'il y a lieu, en cas d'inexécution de l'engagement.

1586. Si, au contraire, les marchandises ont été vendues en bloc, la vente est parfaite, quoique les marchandises n'aient pas encore été pesées, comptées ou mesurées.

1587. A l'égard du vin, de l'huile et des autres choses que l'on est dans l'usage de goûter avant d'en faire l'achat, il n'y a point de vente tant que l'acheteur ne les a point goûtées et agréées.

1588. La vente faite à l'essai est toujours présumée faite sous une condition suspensive.

1589. La promesse de vente vaut vente, lorsqu'il y a consentement réciproque des deux parties sur la chose et sur le prix.

1590. Si la promesse de vente a été faite avec des arrhes, chacun des contractans est maître de s'en départir. Celui qui les a données en les perdant, et celui qui les a reçues, en restituant le double.

1591. Le prix de la vente doit être déterminé et désigné par les parties.

1592. Il peut cependant être laissé à l'arbitrage d'un tiers ; si le tiers ne veut ou ne peut faire l'estimation, il n'y a point de vente.

1593. Les frais d'actes et autres accessoires à la vente sont à la charge de l'acheteur.

1594. Tous ceux auxquels la loi ne l'interdit pas, peuvent acheter ou vendre.

1598. Tout ce qui est dans le commerce, peut être vendu, lorsque des lois particulières n'en n'ont pas prohibé l'aliénation.

1599. La vente de la chose d'autrui est nulle : elle peut donner lieu à des domages-intérêts, lorsque l'acheteur a ignoré que la chose fût à autrui.

1601. Si au moment de la vente la chose vendue était périe en totalité, la vente serait nulle. — Si une partie seulement de la chose est périe, il est au choix de l'acquéreur d'abandonner la vente, ou de demander la partie conservée, en faisant déterminer le prix par la ventilation.

1602. Le vendeur est tenu d'expliquer clairement ce à quoi il s'oblige. — Tout pacte obscur ou ambigu s'interprète contre le vendeur.

1603. Il a deux obligations principales, celle de délivrer et celle de garantir la chose qu'il vend.

1604. La délivrance est le transport de la chose vendue en la puissance et possession de l'acheteur.

1606. La délivrance des effets mobiliers s'opère, — Ou par tradition réelle, — Ou par la remise des clefs des bâtimens qui les contiennent, — Ou même par le seul consentement des parties, si le transport ne peut pas s'en faire au moment de la vente, ou si l'acheteur les avait déjà en son pouvoir à un autre titre.

1608. Les frais de la délivrance sont à la charge du vendeur, et ceux de l'enlèvement à la charge de l'acheteur, s'il n'y a eu stipulation contraire.

1609. La délivrance doit se faire au lieu où était au temps de la vente, la chose qui en a fait l'objet, s'il n'en a été autrement convenu.

1610. Si le vendeur manque à faire la délivrance dans le temps convenu entre les parties, l'acquéreur pourra, à son choix, demander la résolution de la vente, ou sa mise en possession, si le retard ne vient que du fait du vendeur.

1611. Dans tous les cas, le vendeur doit être condamné aux dommages et intérêts, s'il résulte un préjudice pour l'acquéreur, du défaut de délivrance au terme convenu.

1612. Le vendeur n'est pas tenu de délivrer la chose, si l'acheteur n'en paie pas le prix et que le vendeur ne lui ait pas accordé un délai pour le paiement.

1613. Il ne sera pas non plus obligé à la délivrance, quand même il aurait accordé un délai pour le paiement, si, depuis la vente, l'acheteur est tombé en faillite ou en état de déconfiture, en sorte que le vendeur se trouve en danger imminent de perdre le prix, à moins que l'acheteur ne lui donne caution de payer le prix au terme.

1614. La chose doit être délivrée en l'état où elle se trouve au moment de la vente.

Depuis ce jour, tous les fruits appartiennent à l'acquéreur.

1615. L'obligation de délivrer la chose comprend ses accessoires et tout ce qui a été destiné à son usage perpétuel.

1650. La principale obligation de l'acheteur est de payer le prix au jour et au lieu réglés par la vente.

1651. S'il n'a rien été réglé à cet égard lors de la vente, l'acheteur doit payer au lieu et dans le temps où doit se faire la délivrance.

1652 L'acheteur doit l'intérêt du prix de la vente jusqu'au paiement du capital, dans les trois cas suivans : — S'il a été ainsi convenu lors de la vente; — Si la chose vendue et livrée produit des fruits ou autres revenus; — Si l'acheteur a été sommé de payer. — Dans ce dernier cas, l'intérêt ne court que depuis la sommation.

1653. Si l'acheteur est troublé ou a juste sujet de craindre d'être troublé par une action, soit hypothécaire, soit en revendication, il peut suspendre le paiement du prix jusqu'à ce que le vendeur ait fait cesser le trouble, si mieux n'aime celui-ci donner caution, ou à moins qu'il n'ait été stipulé que nonobstant le trouble, l'acheteur paiera.

1654. Si l'acheteur ne paie pas le prix, le vendeur peut demander la résolution de la vente.

1657. En matière de vente de denrées et effets mobiliers, la résolution de la vente aura lieu de plein droit, et sans sommation, au profit du vendeur, après l'expiration du terme convenu pour le retirer.

De la Vente d'Objets mobiliers et Marchandises.

L'an ..., le..., entre les sieurs V... et M ... soussignés,

A été arrêté les conventions suivantes : que le sieur V... déclare par le présent vendre avec garantie de revendication ou autres empêchemens quelconques au sieur M... qui accepte les meubles, effets et marchandises dont le détail suit :

Une commode en acajou, à quatre tiroirs, à dessus de marbre (continuer à détailler ainsi, que les marchandises).

Tous lesquels objets ci-dessus détaillés, appartenant au sieur V..., ont été par lui livrés, à l'instant, au sieur M... qui reconnaît les avoir en sa possession pour faire et en disposer à sa volonté, ainsi qu'il avisera, comme de chose à lui appartenant présentement.

Ladite vente est faite moyennant le prix et somme de ... fr. que le sieur M ..., a payé à l'ir stant à M. V ... qui le reconnait et en donne d'autant quittance et décharge.

Fait et signé double après lecture, l'an et jour susdits (*Signatures avec approbation.*)

(Si la livraison ne se faisait au moment de la vente et que le paiement fût à termes, il faudrait insérer cette clause.)

Tous les meubles présentement vendus, ci-dessus détaillés et désignés, seront livrés par le sieur V ... à son domicile le ... prochain, à M. M ... pour être à sa disposition, les enlever, en faire et disposer de la manière qu'il avisera , comme de chose à lui appartenant en propriété.

La présente vente est faite pour le prix et somme de ... fr., que le sieur M ... s'oblige à payer au sieur V ... ou à son domicile ; en trois termes et paiemens égaux, le premier le ..., le deuxième le ..., et le troisième et dernier le ...; pour solde, sur les quittances qui lui seront données par le siéur V ...; ces paiemens étant effectués le sieur M. sera valablement quitte et déchargé du prix de ladite vente, et le double de la vente lui sera remis.

Fait et signé double après lecture faite, l'an et jour susdits.

Prescription.

2279. *Cod. civ.* En fait de meubles, la possession vaut titre.—Néanmoins, celui qui a perdu, ou auquel il a été volé une chose peut la révendiquer pendant trois ans, à compter de la perte ou du vol, contre celui dans les mains duquel il la trouve ; sauf à celui-ci son recours contre celui duquel il la tient.

2280. Si le possesseur actuel de la chose volée ou perdue l'a achetée dans une foire ou dans un marché, ou dans une vente publique, ou d'un marchand vendant des choses pareilles, le propriétaire originaire ne peut se la faire rendre qu'en remboursant au possesseur le prix qu'elle lui a coûté.

Vente de la Coupe d'un Bois taillis.

L'an ... le .., entre les sieurs, domiciliés à .., sous-signés,

A été fait marché aux prix, charge, clause et condition suivantes, savoir : ledit sieur vend par le présent au sieur qui accepte, sous la caution ci-après, 1° la coupe d'environ ... hectares ... ares ... centiares, revenant à ... arcs de bois taillis de l'âge de ... sans fourniture ni répétition de surmesure, telle qu'elle se comporte, faisant partie de plus grande pièce, nommée vulgairement le bois ..., situé sur la commune de .., appartenant audit ..., la portion vendue est limitée D. C. D. C. D. B. D. B.

2° Le nombre de 174 chênes étant dans ledit bois taillis vendus, numérotés depuis le numéro 1er jusqu'à celui 174, avec une rouane, les chênes qui sont au bord de l'allée du milieu des quatre allées et tous ceux non marqués :

Lesdits chênes et coupe de bois taillis ci-devant désignés, vendus à la charge par ledit acheteur.

1° De faire abattre lesdits bois cet hiver à coupe blanche, et finir ledit abattis pour le 1er ... prochain au plus tard ;

2º De laisser les chênes modernes et anciens baliveaux non marqués comme dessus et 16 nouveaux baliveaux par arpent, et de se conformer au surplus pour ladite exploitation à l'ordonnance des forêts;

3º De ne pouvoir rien prétendre ni toucher aux lisières de bois qui appartiennent à M..., en vertu de leur héritage qui borne ladite coupe de bois, et ce pour autant qn'ils ont usage d'en couper, et de répondre des frais et dommages qu'on pourrait obtenir contre lui sieur.., vendeur, en cas d'anticipation dudit.., qui ne pourra couper ni prétendre prendre aucune portion, hors dans les bois dudit..., non vendus par le présent;

4º Les bois provenant de cette coupe seront voiturés du côté du midi, à l'endroit le plus convenable pour arriver au chemin, afin de ne pas commettre de dégâts, à peine d'être poursuivis en dommages-intérêts.

La présente vente faite, en outre les clauses ci-devant par et moyennant le prix et somme de... fr. ... c., dont moitié a été payée présentement par le sieur..., acheteur, au sieur..., dont quittance, et pour le surplus, qui est de fr. ... c., sera payé par ledit..., acheteur, au sieur.., à son domicile, savoir, la somme de..., le... prochain, et pareille somme le... suivant.

Au présent est intervenu le sieur..., domicilié à..., lequel s'est obligé solidairement avec le sieur..., un d'eux seul pour le tout, au paiement du prix y porté, et à l'entière exécution des clauses, charges et conditions.

Fait et signé triple, à..., après lecture, l'an et jour susdits.   *(Signature avec approbation.)*

Les lois et réglemens défendent aux propriétaires de bois, 1º d'abattre des arbres futaies épars ou en plein bois, sans déclaration préalable, à peine d'amende (*Décision du 15 avril 1811*); 2º d'envoyer paître des bêtes à laine dans les bois particuliers (*Ordonnance de 1669, tit. 19, art. 13*); 3º de détourner, sous aucun prétexte, les arbres marqués, sur les propriétés particulières, pour le service de la marine. (*Loi, 9 floréal an 11*).

Le taillis est réglé en coupes ordinaires de 10 ans au moins, à la charge expresse de laisser 16 baliveaux de l'âge du bois en chaque arpent, entre les anciens et modernes, qui seront pareillement réputés futaies, et, comme tels, réservés dans toutes les coupes ordinaires, sans qu'en aucun cas on puisse y toucher (*Ordonn. de 1669, tit. 24, art. 3*). Les propriétaires et fermiers sont tenus d'en réserver aussi aux coupes ordinaires de futaies, pour en disposer néanmoins à leur profit, après l'âge de 40 ans pour le taillis, et 126 ans pour la futaie. (*Ordonn. de 1667 tit. 26, art. 1er*.)

Troisième
CONSERVATION

—

INSPECTION
de
. . . .

Département
de ...
Arrondissement
cantonnal de...
Justice de paix
de...

—

Commune de ...

—

Service forestier
de
la marine.

—

Loi du 9 floréal
an 11.

—

Ordonnance
du 28 août 1816.

—

Administration générale des Foréts.

DÉCLARATION

DE VOLONTÉ D'ABATTRE.

Je soussigné..., propriétaire du bois appelé...,
situé commune de ..., justice de paix de ...,
arrondissement cantonnal de ..., département
de ..., déclare être dans l'intention d'abattre
dans ce bois la quantité de ... arbres de l'âge,
essence et dimensions ci-après désignés, et que
je m'oblige, conformément à la loi du 9 floréal
an 11, et à l'ordonnance du 28 août 1816, à
ne faire exploiter qu'après la visite qui en sera
faite dans le délai de six mois, par le contre-
maître chargé, dans cet arrondissement, du
martelage des bois propres aux constructions
navales, sauf le cas où la visite aurait lieu avant
ce délai.

NOMS des BOIS.	ÉTENDUE du terrain sur lequel se trouvent les arbres déclarés.	NOMBRE D'ARBRES		GROSSEUR moyenne des arbres prise à 1 mètre du sol.	OBSERVATIONS.
		Chênes	Ormes		
	ares.　cent.　»　　　»	3o	4o	mètres.　cent.	

Présenté à ..., le

(Signature du propriétaire.)

VENTE D'IMMEUBLES.

L'an..., le..., nous soussignés F..., propriétaire, demeurant à..., et M..., demeurant à...,

Avons fait les accords et conventions comme acte synallagmatique ou billatéral, dont la teneur et conditions sont ainsi qu'il suit :

Que moi F..., de mon gré, franche et libre volonté, et sans force ni contrainte, ai, par le présent, vendu, cédé, quitté et délaissé, dès maintenant et pour toujours, avec garantie de tous troubles, évictions, dettes, charges, hypothèques et autres empêchemens généralement quelconques, sous l'obligation générale et spéciale de tous mes biens, meubles et immeubles, présens et à venir,

Au sieur M..., demeurant à..., acquéreur ou acceptant pour lui, ses héritiers ou ayant-cause;

C'est à savoir, les pièces de terres ci-après désignées, au nombre de sept, situées commune de..., canton de..., département de...:

La première, au triège de..., contenant ... hectares ... ares... centiares, limitée D. C..., D. C..., D. B... et D. B...

La deuxième, au triège de (*comme ci-dessus, continuer jusqu'à la dernière*).

Lesdites pièces de terres labourables en l'état qu'elles sont et se comportent, sans recherche de mesure, fourniture ni répétition de surmesure, soit du plus ou du moins, lequel sortira au profit de l'acquéreur, le tout appartenant au vendeur, aux droits de l'acquisition qu'il en a faite du sieur G..., par acte passé devant Me..., notaire à..., le... (*ou à lui échues de la succession de..., suivant lots et partages en date du..., *etc.*)

Pour de la propriété, possession et jouissance être prises par le sieur M..., acquéreur, à l'expiration du bail fait au sieur B... par le vendeur, le..., signé double, enregistré à..., le....; et, en attendant, le vendeur s'oblige de payer et tenir compte à l'acquéreur de l'intérêt de son argent, faisant le principal de la présente vente, à raison de cinq pour cent, intérêt permis par la loi, par chacun an à l'échéance de ce jour, pour commencer le premier paiement dans un an, et continuer jusqu'à la prise de jouissance qui en sera faite par l'acquéreur à l'époque de..., à laquelle l'intérêt cessera de courir et sera éteint, pour, par l'acquéreur, faire et disposer de la propriété, à ladite époque, comme de chose à lui appartenant, ainsi et de la manière qu'il avisera bien; en conséquence, le sieur F... le met et subroge dans tous ses droits, noms, raisons et actions.

A l'effet de ce que dessus, nous nous obligeons respectivement d'accomplir et exécuter la présente vente en tout son contenu, y affectant en tant que besoin tous nos biens, meubles et immeubles, présens et à venir.

Ladite vente est faite moyennant la somme de..., pour le prix principal d'icelle, laquelle a été à l'instant payée par le sieur M..., acquéreur, en or et argent, espèces sonnantes, au sieur F..., vendeur, qui reconnaît l'avoir reçue; pour quoi il tient quitte et décharge le sieur M..... dudit prix, dont d'autant quittance.

Fait et rédigé double, après lecture, à..., les jour et an susdits. (*Signature avec approbation.*)

(Si les biens ne sont pas affermés, il faudra mettre la convention suivante, et retirer celle ci-dessus.)

Pour de la propriété, possession et jouissance desdites pièces de terres en jouir, faire et disposer par ledit acquéreur, à compter de ce jour; à l'effet de quoi, moi vendeur, subroge l'acquéreur dans tous mes droits, noms, raisons, actions, possessions, priviléges et hypothèques; et, dans le cas de troubles et évictions, je m'oblige, comme gage spécial, de mettre en propriété et jouissance ledit acquéreur de la même quantité, valeur et bonté de terrain, présentement vendu à dire d'experts-arbitres, choisis par les parties pour en faire le choix et estimation à véritable valeur, et mettre de suite en possession et jouissance l'acquéreur du terrain, dont estimation sera faite sur les propriétés appartenant à moi vendeur, lesquelles pièces seront désignées par les experts-arbitres.

Autre Formule de Vente d'Immeubles.

L'an..., le..., entre les sieurs N... et V..., cultivateurs, et..., son épouse, domiciliés à..., soussignés, a été arrêté ce qui suit :

Que le sieur N... vend, avec toute garantie contre tous troubles, évictions, dettes, charges et hypothèques généralement quelconques,

Au sieur V... et à dame Z..., son épouse, qu'il autorise, demeurant ensemble à...., acquéreurs et acceptans pour eux et leurs ayant-cause, conjointement et solidairement,

Les biens immeubles en labour ci-après désignés,

Commune de...

Art. 1er. Une pièce de terre, au triège de.., servant de masure à filasse, plantée d'arbres fruitiers, contenant... hectares... ares... centiares, joignant d'un côté, vers le midi....; d'autre côté, l'article ci-après, d'un bout; vers le levant...., et d'autre bout plusieurs.

Art. 2. Une pièce de terre, au triège de..., en nature de labour, contenant... (*comme ci-dessus*).

Commune de...

Art. 3. Une pièce de terre plantée en luzerne, au triège de..., contenant..., limitée D. C..., D. C..., D. B... et D. B...

Commune de...

Art. 4. Une pièce de terre plantée en landes, etc.

Les biens immeubles dont la désignation précède sont vendus sans, pour les contenances ci-dessus exprimées, aucunes fournitures ni augmentation de prix pour cause de surmesure.

A ce moyen, le plus ou le moins de mesure, s'il y en a, fût-il de plus d'un vingtième, sera au profit ou à la perte des acquéreurs.

Etablissement de la Propriété.

Les biens immeubles vendus appartiennent audit sieur N..., ainsi qu'il le déclare, pour les avoir acquis du sieur G... et de..., son épouse, civilement séparée, quant aux biens, dudit sieur G..., avec autres biens non aliénés par le présent, suivant acte reçu en minute par le notaire résidant à…, le…, dûment enregistré et en forme.

Entrée en Jouissance.

Les acquéreurs auront les réelles propriété, possession et jouissance de ce jour, et, à l'avenir, des biens immeubles ici aliénés, et dont la désignation précède, le tout aux lieu et place dudit sieur N…, vendeur, qui met et subroge les acquéreurs dans tous les droits de propriété, causes, noms, raisons, actions, priviléges et hypothèqûes qui lui appartiennent sur les biens immeubles présentement vendus, s'en dessaisissant au profit des acquéreurs, sans exception ni réserve, si ce n'est les fruits existant actuellement aux arbres croissant sur les biens vendus, desquels fruits le vendeur fait réserve à son profit.

Remise de Titres.

Le sieur N… promet et s'engage saisir ou aider les acquéreurs de tous les titres qu'il peut avoir ou qu'il pourra recouvrer, ce qui est subordonné à sa bonne foi, concernant la propriété des biens ainsi aliénés.

Les acquéreurs reconnaissent que le sieur N… leur a remis à l'instant l'acte d'acquisition susdaté, à la charge par eux d'en aider, et sous récépissé, les diverses personnes auxquelles le sieur N… a fait vente de partie des biens qu'il a, comme dit est, acquis des sieur et dame G…

Acquit des Impôts.

Les acquéreurs paieront et acquitteront les impôts pour raison des biens qui leur sont ainsi vendus à partir du ... prochain, et non avant, attendu que ceux de la présente année restent à la charge du sieur N...

Prix de la Vente.

Cette vente est faite aux conventions qui précèdent, en outre moyennant la somme de ... fr. de prix principal et pour toutes choses.

Laquelle somme les acquéreurs promettent et s'engagent conjointement et solidairement, sans division ni discussion sous les renonciations aux bénéfices de droit, payer audit N..., vendeur à..., en son domicile, savoir : la somme de ... fr. le ... prochain; celle de ... fr. le ... prochain; et enfin celle de ... le ...

Au paiement de laquelle somme dans les termes ci-dessus fixés, les biens immeubles ici vendus demeurent affectés et hypothéqués par privilége spécial expressément réservé au vendeur.

Ventillation.

Du prix principal de cette vente il s'en applique la somme de ... fr. pour la valeur de la pièce de terre située sur la commune de .., désignée en l'article ... ci-dessus, et le surplus pour la valeur des autres pièces.

Déclaration d'Emploi.

Le sieur V... et ladite .., son épouse, déclarent qu'ils

se libéreront du prix de leur présente acquisition, savoir : la femme V... pour la somme de ... fr. à elle provenant et faisant le prix de la vente qu'elle a faite, autorisée de son mari, au sieur B... demeurant à..., de biens immeubles provenant du chef de..., suivant contrat passé en minute devant Me ..., notaire à..., le ...

En conséquence, ledit sieur V... et ladite..., promettent et s'engagent à faire insérer dans les quittances que leur donnera le sieur N..., leur vendeur, toutes choses utiles et convenables, tendant non-seulement à prouver l'origine des deniers, mais même pour opérer en faveur de ladite femme ... le remploi de ses propos aliénés, et qu'en outre ledit sieur V... ait et acquiert toutes sûretés sur les biens immeubles, comme dit est acquis en remploi de ceux de ladite femme, vendus audit sieur par le contrat ci-dessus daté ; ce qui est consenti par ledit sieur V..., et formellement et expressément accepté par ladite..., son épouse, qui renonce à jamais aucunement troubler, inquiéter ni rechercher ledit sieur V... dans l'effet de son acquisition dudit jour.

Et ledit sieur V..., pour une somme de... fr. de ses propres deniers.

De cette déclaration d'emploi, il résulte que ladite femme V... est acquéreuse par indivis dans les biens immeubles ci-dessus désignés jusqu'à concurrence de la somme de ... fr., et ledit sieur V..., son mari, jusqu'à celle de ... fr.

Transcription inscription.

Les acquéreurs pourront, si bon leur semble, faire

transcrire le présent acte, mais à leurs frais, aux bureaux des hypothèques dans l'arrondisement desquels les biens immeubles sus-désignés sont situés; et si lors de cette transcription, il existe des inscriptions, ou qu'il survienne, en temps de droit (procédant du fait dudit N... et ceux des sieur et dame G.., ses vendeurs, portant au surplus celui-là toute garantie aux acquéreurs, en cas qu'ils fussent troublés) ledit sieur M...; promet et s'engage d'en fournir aux acquéreurs mainlevée et certificat de radiation dans la quinzaine de la dénonciation qu'ils lui en feraient faire, et de leur en rembourser les frais qu'elles auraient occasionnés, à peine, etc.

Malgré l'obligation ci-dessus contractée par le vendeur de fournir main-levée et certificat de toute inscription frappant les biens ici aliénés, comme dit est, procédant du fait dudit .., et ceux desdits sieur et dame ..., ses vendeurs, il est néanmoins convenu qu'arrivant le cas où les acquéreurs seraient troublés dans la jouissance de la pièce de terre située à..., et désignée en l'art... qui précède, leditssieur N... ferait tout ce qui serait en son pouvoir pour empêcher ce trouble; mais que ne pouvant y parvenir, il répéterait de suite aux acquéreurs qui l'acceptent, en numéraire métallique, la somme de ... fr.

Déclaration par le Vendeur.

Ledit sieur N..., vendeur, déclare, 1°. qu'il n'est tuteur d'aucuns mineurs, ni curateur d'aucuns interdits; 2° que .., son épouse, a une hypothèque légale sur ses biens, pour raison de ses apports mobiliers dont il n'a pas fait faire ni requis l'inscription sur borderaux.

En conséquence les acquéreurs pourront, s'ils avisent que bien soit, mais à leurs frais, remplir les formalités voulues par la loi pour en purger cette hypothèque légale.

Et depuis il est convenu que l'acte d'acquisition, devant énoncé, reste en la possession du sieur N..., vendeur; qui promet et s'engage d'en aider les acquéreurs à toute réquisition et sous récépissé.

Les frais de cet acte seront payés par les acquéreurs.

C'est ainsi que les parties sont de tout ce qui précède convenues et restées d'accord.

Dont acte, qui sera passé et renouvellé devant notaire à la première réquisition des parties.

Fait et signé double, après lecture, à..., le..., les jour et an susdits.

(Signatures avec approbation.)

Vente d'une Maison et Transport de Rente.

L'an.., le .., entre les soussignés, il a été convenu et arrêté ce qui suit:

Que le sieur L... et..., son épouse qu'il autorise à l'effet des présentes, demeurant ensemble en la ville de...

Déclarent, par ces présentes, vendre, céder, transporter et abandonner dès maintenant et pour toujours, promettent et se sont obligés solidairement, sans division, sous les renonciations au bénéfice de discussion, garantir et défendre, savoir, pour l'immeuble ci-après désigné, de tous troubles, dons, douaires, dettes, hypothèques, inscriptions, évictions, et pour la rente en principal et arrérages aussi ci-après exprimés, de toutes saisies et oppositions, et enfin de tous autres empêchemens généralement quelconques, sous la garantie et l'obligation de tous leurs autres biens, et sous celle spéciale de l'objet ci-après désigné.

Au sieur G.., demeurant à.., acceptant, acquéreur et transportuaire, pour lui, ses héritiers et ayant-cause :

1º Une partie de maison, sise en la ville de...., composée d'une cuisine à cheminée, une chambre froide, deux autres à feu avec alcôve, une cave y attenant sur laquelle un petit grenier, une allée et une petite cour contenant environ douze mètres carrés, le tout B. D. C. M..., D. C..., D. B. les vendeurs, et D. B... la grande route de..., sur le bord laquelle donnent lesdits bâtimens;

2º La somme de 50 francs de rente annuelle et perpétuelle, au capital de 1000 francs, payable tous les ans, en deux termes et paiemens égaux, les... en laquelle s'est constitué le sieur D..., demeurant à..., qui en est encore débiteur envers et au profit du sieur L..., suivant acte passé devant Me..., notaire à..., le..., pour sûreté de laquelle inscription a été prise au bureau des hypothèques D..., le..., vol..., nº..., au profit du sieur L..., contre le sieur D...

Ainsi que ladite partie de maison, en circonstances et dépendances, présentement vendue, se poursuit et comporte, sans aucune exception ou réserve.

Appartenant, ladite partie de maison vendue auxdits sieur et dame L..., au moyen de l'acquit que ceux-ci en ont fait, avec une autre partie, qu'ils conservent du sieur V..., suivant acte passé devant Me..., notaire à..., le..., enregistré le..., moyennant, entre autres prix, charges et conditions, la somme de 100 fr. de rente foncière et perpétuelle, au capital de 2000 francs, exempte de retenue.

Pour, par ledit sieur G..., jouir, faire et disposer de ladite partie de maison, en circontances et dépendances, et de ladite rente en principal et arrérages, en toute propriété, et comme de chose lui appartenant totalement, à commencer de ce jour,

Et en avoir la jouissance, savoir :

De ladite partie de maison à commencer de ce jour, et des arrérages de ladite rente par la perception à son profit que le sieur G... en fera du sieur D... des six mois à écheoir au jour d...

Aux fins desquelles propriétés et jouissances le sieur L... et son épouse, ont mis le sieur G..., acquéreur et transportuaire, en leur lieu et place, et subrogé dans tous les droits, noms, raisons, actions et possessions, priviléges et hypothèques qu'ils avaient sur lesdites parties de maison et rente vendues et transportées au présent, et ils se sont obligés d'aider au besoin, toutes fois et quantes, sous récépissé, le sieur G... de leur contrat d'acquêt sus-daté, qu'ils conservent en leurs mains, attendu qu'il concerne la propriété d'une autre partie de maison dont ils restent propriétaires, promettant de lui remettre sous quinzaine, grosse exécutoire de l'acte créatif de ladite rente devant énoncée,

Aux charges par l'acquéreur qui s'y oblige :

1° De supporter les servitudes passives dont ladite partie de maison vendue peut être grevée, parce qu'il s'éjouira de celles actives qui peuvent y être attachées et en dépendre ;

2° De souffrir la jouissance de ladite partie de maison, aux personnes qui justifieront y avoir droit par titre en forme, parce que, dans ce cas, il en recevra les loyers, à commencer par ceux qui seront dus à la première échéance, ou autrement de s'arranger avec elles comme il avisera bien à cet égard, mais arrière des vendeurs, et en faisant en sorte qu'ils n'en éprouvent la plus légère inquiétude.

3º D'acquitter la contribution foncière de ladite partie de maison à compter du... ;

4º Et de payer les frais et droits du présent acte, son enregistrement, et le dépôt qui en sera fait ultérieurement.

Les présentes vente et transport sont ainsi faits, en outre des charges et conditions ci-dessus, moyennant la somme de 2,200 f., dont 1200 f. pour la partie de maison, et 1000 francs pour la rente de 50 francs en principal et arrérages, sur laquelle somme de 2,200 f., ledit sieur G... a présentement payé comptant aux sieur et dame L..., qui s'en sont saisis, dont d'autant quittance;

Et quant au 2,000 f. de surplus, ils sont et demeurent compensés entre les vendeurs et l'acquéreur contre pareille somme pour le capital d'une rente de 100 francs dont les sieur et dame L... sont débiteurs envers M. G..., par contrat passé devant Me.... notaire à..., le..., au moyen de quoi le sieur G..., est totalement libéré du prix des vente et transport à lui faits par le présent, par les sieur et dame L....., et ces derniers sont entièrement quittes et libérés de ladite rente de 100 f. au capital de 2000 f., dont les sieur et dame L... étaient tenus envers le sieur G..., ainsi qu'il est ci-devant dit, pourquoi à cet égard ils se donnent quittance respective.

Néanmoins, les inscriptions qui auraient pu être prises par le sieur V... au bureau des hypothèques de..., pour sûreté de la rente de 100 f. en principal et arrérages, dont franchissement par compensation vient de s'opérer au présent, tiendra état jusqu'à la transcription et purgation légale du présent acte. Ces formalités remplies, les sieur et dame L... en apporteront main-levée et certificat de radiation, ainsi que de toutes autres inscriptions et oppositions.

Les sieur et dame L... accordent au sieur G... et à ses représentans à toujours, par chez eux et par dessus la partie de maison qu'ils conservent, droit de passage et tour d'échelle, conformément à la loi, sur leur terrain seulement, pour réparer, toutes fois que besoin sera, la partie de maison présentement vendue; de son côté ledit sieur G... accorde droit aux sieur et dame L... d'appuyer et bâtir sur le bout de la chambre faisant partie de la maison vendue.

A la sûreté et garantie de la présente vente et transport, les sieur et dame L... ont affecté et hypothéqué le surplus de la maison vendue au présent dont ils restent propritaire, consistant en deux creux de bâtimens et en un jardin, le tout tenant D. C... et D. B... à ladite partie de maison vendue;

Sur lesquels ils consentent que le sieur G... prenne, à ses frais, inscription en garantie au bureau des hypothèques de..., dans l'arrondissement duquel il sont situés.

Dont acte, qui sera passé toutes fois et quantes devant notaire, aux frais de l'acquéreur, fait et signé double après lecture, à..., l'an et jour susdits.

Nota. Une maison doit être délivrée avec les clefs des portes et autres articles qui en dépendent, les titres, les plans et autres renseignemens sont aussi des accessoires, mais le vendeur n'est pas tenu d'en donner d'autres que ceux énoncés au contrat. (*Arrêt. Paris, du 27 mai 1808.*) 1605. Code civ.

Formalités à observer pour les Ventes d'Immeubles.

Les actes sous seing-privé contenant vente d'immeubles peuvent être transcrits sur les registres du bureau des hypothèques du lieu où dépendent les biens pour conserver le privilége : ainsi décidé par avis du conseil d'état du 3 floréal an 13, approuvé le 12, conçu en ces termes :

« Le conseil d'état entendu, etc.;

« Considérant qu'aucune disposition précise ne s'oppose à ce qu'un acte de vente sous signature privée, revêtu de la formalité de l'enregistrement, soit transcrit sur les registres du conservateur des hypothèques; que cette transcription n'a d'autre effet que d'annoncer aux personnes intéressées que la propriété d'un immeuble a passé d'une main dans une autre, et qu'il n'y aurait pas de motifs pour prohiber les annonces du changement qui se serait opéré par acte sous signature privée, quand il est permis d'aliéner de cette manière;

« Qu'on ne peut tirer aucune induction contraire de ce que l'inscription à l'effet d'acquérir hypothèque ne peut avoir lieu que sur le vu d'une expédition authentique du jugement ou de l'acte qui constitue hypothèque;

« Qu'enfin, lors de la discussion du titre du Code civil, des priviléges et hypothèques, la question fut proposée au conseil d'état, et qu'il parut si évident qu'on pouvait transcrire un acte sous signature privée, qu'on jugea superflu de faire une disposition pour le permettre, comme on peut s'en convaincre par la lecture du procès-verbal, séance du 10 ventose an 12 (1er *mars* 1804). »

———

Conséquemment, on peut mettre à la transcription un acte sous seing-privé portant quittance du prix des biens vendus.

Si le prix n'est pas payé comptant, qu'il soit à termes, le conservateur pourrait refuser la transcription jusqu'à ce que les signatures apposées à l'acte sous seing privé soient reconnues en justice, ou que le dépôt en ait été fait devant notaire, attendu que, d'après l'art. 2108 du Code civil, le vendeur privilégié conserve son privilége par la transcription du titre qui a transféré la propriété à l'acquéreur, et qui constate que la totalité ou partie du prix lui est due, à l'effet de quoi la transcription du contrat faite par l'acquéreur vaudra inscription pour le vendeur.

Attendu que, par le même article, le conservateur des hypothèques est tenu, sous peine de tous dommages et intérêts envers les tiers, de faire d'office l'inscription sur son registre des créances résultant de l'acte translatif de propriété ; que cette inscription ne peut avoir lieu, faute d'authenticité de l'acte : il convient donc, préalablement, de faire reconnaître les signatures par un jugement, en conformité des articles 2123 et 193 du Code de Procédure civile, ou par un dépôt de l'acte devant notaire. (*Art.* 2127 *Code civ.*)

Lorsque le prix a été payé comptant, on est dispensé de ces formalités. Il y a lieu à transcription, comme il est expliqué plus haut.

De la Délivrance des Immeubles après la Vente.

1615. L'obligation de délivrer la chose comprend ses accessoires et tout ce qui a été destiné à son usage perpétuel.

1616. Le vendeur est tenu de délivrer la contenance telle qu'elle est portée au contrat, sous les modifications ci-après exprimées.

1617. Si la vente d'un immeuble a été faite avec indication de la contenance, à raison de tant la mesure, le vendeur est obligé de délivrer à l'acquéreur, s'il l'exige, la quantité indiquée au contrat ; — Et si la chose ne lui est pas possible, ou si l'acquéreur ne l'exige pas, le vendeur est obligé de souffrir une diminution proportionnelle du prix.

1618. Si, au contraire, dans le cas de l'article précédent, il se trouve une contenance plus grande que celle exprimée au contrat, l'acquéreur a le choix de fournir le supplément du prix, ou de se désister du contrat, si l'excédant est d'un vingtième au-dessus de la contenance déclarée.

1619. Dans tous les autres cas, — Soit que la vente soit faite d'un corps certain et limité, — Soit qu'elle ait pour objet des fonds distincts et séparés, — Soit qu'elle commence par la mesure, ou par la désignation de l'objet vendu suivie de la mesure , —L'expression de cette mesure ne donne lieu à aucun supplément de prix en faveur du vendeur, pour l'excédant de mesure, ni en faveur de l'acquéreur, à aucune diminution du prix pour moindre mesure qu'autant que la différence de la mesure réelle à celle exprimée au contrat est d'un vingtième en plus ou en moins, eu égard à la valeur de la totalité des objets vendus, s'il n'y a stipulation contraire.

1620. Dans le cas où, suivant l'article précédent, il y a lieu à augmentation de prix pour excédant de mesure, l'acquéreur a le choix ou de se désister du contrat, ou de fournir le supplément du prix, et ce avec les intérêts, s'il a gardé l'immeuble.

1621. Dans tous les cas où l'acquéreur a le droit de se désister du contrat, le vendeur est tenu de lui restituer, outre le prix, s'il l'a reçu, les frais de ce contrat.

1622. L'action en supplément de prix de la part du vendeur, et celle en diminution de prix ou en résiliation du contrat de la part de l'acquéreur, doivent être intentées dans l'année, à compter du jour du contrat, à peine de déchéance.

1623. S'il a été vendu deux fonds par le même contrat, et pour un seul et même prix, avec désignation de la mesure de chacun, et qu'il se trouve moins de contenance en l'un et plus en l'autre, on fait compensation jusqu'à due concurrence ; et l'action, soit en supplément, soit en diminution du prix, n'a lieu que suivant les règles ci-dessus établies.

1624. La question de savoir sur lequel, du vendeur ou de l'acquéreur, doit tomber la perte ou la détérioration de la chose vendue avant la livraison, est jugée d'après les règles prescrites au titre *des*

Contrats ou des Obligations conventionnelles en général.

535. L'expression *biens meubles*, celle de *mobilier*, ou d'*effets mobiliers*, comprennent généralement tout ce qui est censé meubles d'après les règles ci-dessus établies. — La vente ou le don d'une maison meublée ne comprend que les meubles meublans.

558. La vente ou le don d'une maison avec tout ce qui s'y trouve, ne comprend pas l'argent comptant ni les dettes actives et autres droits dont les titres peuvent être déposés dans la maison ; tous les autres effets mobiliers y sont compris.

Vente de Droits d'Hérédité.

L'an..., le..., entre les soussignés J... et..., son épouse, qu'il autorise à l'effet des présentes, demeurant ensemble en la commune de...,

Lesquels, après ladite....., femme, qui a dit agir librement, et sans y être induite ni contrainte, ont, par ces présentes, vendu, quitté, cédé et abandonné, dès maintenant et à toujours, avec promesse de faire valoir et garantir de tous troubles, évictions, dons, douaire, dettes, hypothèques et autres empêchemens généralement quelconques, conjointement et solidairement ensemble, un d'eux seul pour le tout, sans division, discussion ni fidéjussion,

A M. D..., propriétaire, et..., demeurant à..., ce acceptant, et acquéreur pour lui, ses successeurs et ayant-droit,

Les droits successifs et héréditaires appartenant

pour un huitième à..., femme du sieur J..., dans les successions échues, tant mobilières qu'immobilières, de...., ses père et mère, en général et sans aucune réserve, en quoi qu'ils puissent consister ; lesquels biens immeubles provenus desdites successions consistent en maison, bâtimens, masures, terres labourables et prairies, situés tant en ladite commune de... qu'en celle de..., la désignation desquels par contenance, triège, bouts et côtés, n'a été requise en ces présentes, les parties ayant déclaré les bien connaître et être instruites à suffire.

Desquels droits successifs et héréditaires pour un huitième, vendus par ces présentes par lesdits J...., mariés, ledit acquéreur va jouir, faire et disposer propriétairement, de ce jour, à l'avenir, au lieu et place et à la subrogation des droits, noms, raisons, actions et possessions desdits J...., mariés, qui s'en démettent et dessaisissent en faveur dudit sieur D.,·. acquéreur, pourquoi il l'autorise de faire lots et partages avec leurs cohéritiers desdites successions.

La présente vente et cession ainsi faite moyennant 1º l'engagement entrepris par l'acquéreur de payer à partir du...., et à l'avenir, les contributions auxquelles le huitième des objets vendus est et se trouvera imposé ;

2º L'obligation contractée par l'acquéreur de payer le huitième dont sont susceptibles les vendeurs, dans » fr. » c. de rente, de la nature qu'elle est due à celui ou à celle qui justifiera d'un titre en forme et non prescrit, commencera l'acquéreur à acquitter cette rente à la prochaine échéance, et continuera ainsi, d'année en année, et si bien et à temps, que les vendeurs ne puissent être inquiétés ni recherchés en principal et arrérages à l'avenir ;

3° Aussi l'obligation contractée par l'acquéreur de payer le huitième dont sont susceptibles les vendeurs dans les droits d'enregistrement de la succession dudit..., décédé le...; la part qu'en doivent les vendeurs déclarée pouvoir s'élever à » fr. » c.;

4° La somme de » fr. » c. de principal francs deniers venant aux vendeurs, laquelle somme l'acquéreur leur paiera et s'oblige à leur payer le.... prochain, sans intérêts jusqu'à cette époque, et ce d'après que ledit J..., vendeur, lui aura fourni bon et valable remplacement de pareille somme en fonds d'héritages, situés dans l'arrondissement de..., franc et quitte de toutes dettes et hypothèques.

Au paiement de laquelle susdite somme de... l'acquéreur oblige tous ses biens actuels et futurs, les objets par lui acquis y demeurant spécialement et en privilége affectés et hypothéqués, et sur lesquels il consent toute inscription hypothécaire pour sûreté du paiement de la susdite somme.

Pourra l'acquéreur, s'il le juge convenable, faire transcrire ces présentes au bureau de la conservation des hypothèques de....., à l'effet de consolider son acquisition.

Seront, les frais des présentes et autres en résultant, à la charge de l'acquéreur, étant les parties ainsi convenues et demeurées d'accord.

Tous pouvoirs sont donnés au sieur D... de faire signifier le présent acte à qui besoin sera.

Le présent sera passé et renouvelé devant notaire à la première réquisition des vendeurs, également aux frais de l'acquéreur, qui sera tenu de remettre grosse exécutoire.

Fait et signé double, après lecture, à..., les jour et an susdits.

(Signatures, avec approbation.)

Faire enregistrer cet acte et le signifier par huissier aux héritiers en la personne de l'un d'eux, chargé de le faire savoir à ses cohéritiers, pour faire connaître la qualité de cessionnaire et venir à partage, avec défense d'y procéder hors sa présence et sans l'y appeler, et sans protester contre tout ce qui serait fait au préjudice : cette signification est exigée par les *art.* 1690 *et* 1691 *du Code civil.*

1690. Le cessionnaire n'est saisi à l'égard des tiers que par la signification du transport faite au débiteur. — Néanmoins le cessionnaire peut être également saisi par l'acceptation du transport faite par le débiteur dans un acte authentique.

1691. Si avant que le cédant ou le cessionnaire eût signifié le transport au débiteur, celui-ci avait payé le cédant, il sera valablement liquidé.

Le cessionnaire peut être écarté du partage en lui remboursant le prix de la cession (*art.* 841 *du Code civ.*), à moins que ce soit un cohéritier.

841. Toute personne, même parente du défunt, qui n'est pas son successible, et à laquelle un cohéritier aurait cédé son droit à la succession, peut être écartée du partage, soit par tous les cohéritiers, soit par un seul, en lui remboursant le prix de la cession.

Rescision en matière de Partage.

889. L'action n'est pas admise contre une vente, de droit successif faite sans fraude à l'un des cohéritiers, à ses risques et périls, par ses autres cohéritiers ou par l'un d'eux.

On ne peut vendre la succession d'une personne vivante, même de son consentement. (*Art.* 1600 *du Code civil.*)

Celui qui vend une hérédité, sans en spécifier en détail les objets, n'est tenu de garantir que sa qualité d'héritier (1696).

780. La donation, vente ou transport que fait de ses droits successifs un des cohéritiers, soit à un étranger, soit à tous ses cohéritiers, soit à quelques-uns d'eux, emporte de sa part acceptation de la succession. — Il en est de même, 1° de la renonciation, même gratuite, que fait un des héritiers au profit d'un ou de plusieurs de ses cohéritiers;—2° de la renonciation qu'il fait même au profit de tous ses cohéritiers indistinctement, lorsqu'il reçoit le prix de sa renonciation.

1697. S'il avait déjà profité des fruits de quelque fonds ou reçu le montant de quelque créance appartenant à cette hérédité, ou vendu quelques effets de la succession, il est tenu de les rembourser à l'acquéreur, s'il ne les a expressément réservés lors de la vente.

1698. L'acquéreur doit de son côté rembourser au vendeur ce que celui-ci a payé pour dette et charge de la succession, et lui faire raison de tout ce dont il était créancier, s'il n'y a stipulation contraire.

888. L'action en rescision est admise contre tout acte qui a pour objet de faire cesser l'indivision entre cohéritiers, encore qu'il fût qualifié de vente, d'échange et de transaction, ou de toute autre manière. — Mais après le partage, ou l'acte qui en tient lieu, l'action en rescision n'est plus admise contre la transaction faite sur les difficultés réelles que présentait le premier acte, même quand il n'y aurait pas eu à ce sujet de procès commencé.

CHAPITRE VII.

DE L'ÉCHANGE.

1702. *Code civ.* L'échange est un contrat par lequel les parties se donnent respectivement une chose pour une autre.

1703. L'échange s'opère par le seul consentement, de la même manière que la vente.

1704. Si l'un des copermutans a déjà reçu la chose à lui donnée en échange, et qu'il prouve ensuite que l'autre contractant n'est pas propriétaire de cette chose, il ne peut pas être forcé à livrer celle qu'il a promise en contre-échange, mais seulement à rendre celle qu'il a reçue.

1705. Le copermutant qui est évincé de la chose qu'il a reçue en échange, a le choix de conclure à des dommages et intérêts, ou de répéter sa chose.

1706. La rescision pour cause de lésion n'a pas lieu dans le contrat d'échange.

1707. Toutes les autres règles prescrites pour le contrat de vente s'appliquent d'ailleurs à l'échange.

Acte d'Échange de Propriétés.

Du ... de l'an ..., entre le sieur V..., demeurant à ..., et le sieur M... domicilié à ...,

Il a été arrêté l'échange ci-après, savoir : que le sieur V... cède et abandonne au sieur M... toutes les terres qu'il a acquises en la commune de .., et vendues au nom du gouvernement comme confisquées sur l'émigré C...,suivant adjudication du...,faite au sieur B... qui les a rétrocédées au sieur V..., par acte passé devant Me Z..., notaire à ..., le ...,

Et le sieur M...cède et abandonne les terres qu'il a acquises du gouvernement, sises en la commune de ..., confisquées sur V..., suivant adjudication du ...

Les parties ayant déclaré bien connaître les objets réciproquement cédés, elles ont bien voulu se passer de désignation, et elles se sont aussi réciproquement remises aux mains les actes d'adjudication qui en contiennent le détail, ainsi que les quittances finales du receveur des domaines nationaux à ...

Les conditions du présent échange, qui est pur et simple, sont que chacun entrera en jouissance par la récolte prochaine ou par les fermages représentatifs, que chacun paiera ou accquittera la contribution foncière à compter de l'an..., y compris, comme

aussi que tous les labours donnés aux terres cédées seront payés à ceux qui les ont faits, et ce, aussi réciproquement, de manière que le sieur V... paiera les
labours donnés aux terres que lui cède le sieur M...,
et celui-ci ceux donnés aux terres que cède le sieur
V...

Le sieur V... aidera au besoin le sieur M... de
l'acte notarié dont a été parlé, le sieur V... le retenant
en ses mains parce qu'il contient la cession d'objets
non compris au présent; et au surplus, ils demeurent
obligés de s'aider réciproquement de tous actes nécessaires à cause des fermages dus jusqu'à ce moment.

Par ce moyen chacune des parties devient dès ce
jour propriétaire incommutable de l'objet à elle cédé.

Le présent acte sera, à la première réquisition,
enregistré et déposé devant notaires, à communs frais.

Dont et du tout lesdites parties sont convenues et
demeurées d'accord, sous la simple garantie de leurs
faits et promesses; en conséquence, elles ont signé au
présent, fait|double, après lecture, à ..., l'an et jour
susdits.

(Signatures, avec approbation.)

(Si l'échange est fait avec retour, on en fera mention dans l'acte.)

Dans un échange qui a été consommé, lorsque l'un
des copermutans prouve que la chose par lui reçue
n'appartient pas à l'autre contractant, il ne peut,
tant qu'il n'est pas troublé dans sa possession, contraindre celui-ci à restituer la chose qu'il a livrée en
contre-échange. (*Cass., sect. civ.,* 11 *décembre*
1815; *Pal., t.* 1, *de* 1816, *p.* 516.)

6*

TRANSPORT DE CRÉANCE ET DE RENTE.

1689. Dans le transport d'une créance, d'un droit ou d'une action sur un tiers, la délivrance s'opère entre le cédant et le cessionnaire par la remise du titre.

1692. La vente ou cession d'une créance comprend les accessoires de la créance, tels que caution, privilége et hypothèque.

1693. Celui qui vend une créence ou autre droit incorporel, doit en garantir l'existence au temps du transport, quoiqu'il soit fait sans garantie.

1694. Il ne répond de la solvabilité du débiteur que lorsqu'il s'y est engagé, et jusqu'à concurrence seulement du prix qu'il a retiré de la créance.

1695. Lorsqu'il a promis la garantie de la solvabilité du débiteur, cette promesse ne s'entend que de la solvabilité actuelle, et ne s'étend pas au temps avenir, si le cédant ne l'a expressément stipulé.

Transport de Créance.

Le..., l'an...,

Entre les sieurs S..., domicilié à..., et T..., demeurant à..., soussignés,

A été convenu ce qui suit :

Que le sieur S... déclare par le présent céder et transporter, avec promesse de bonne et valable garantie, et même avec obligation de payer, à défaut

d'exécution de la part du débiteur ci-après nommé,
après simple mise en demeure et insolvabilité,

A M. T..., ce acceptant,

La somme de » fr. » c., que ledit sieur T... garan-
tit avoir droit de demander et prétendre sur M. V..,
pour cause de...; plus, les intérêts que ladite somme
a produits, et ce qu'elle produira jusqu'au remboursement, sans aucune exception ni réserve (*ou* à prendre et recevoir de M. V..., suivant acte, *etc.*).

Pour, par mondit sieur T.., être et demeurer propriétaire du tout, à compter de ce jour, au lieu et
place du cédant, qui le met et subroge dans tous ses
droits, noms, raisons et actions, possessions, priviléges et hypothèques, s'en dessaisissant au profit du
sieur T...

Ce transport est ainsi fait et consenti moyennant
la somme de » fr. » c., que M. S... reconnaît avoir
reçue à l'instant, en argent, de M. T..., en bonnes
espèces, pour quoi quittance.

Pour faire signifier le présent, tous pouvoirs nécessaires et suffisans sont donnés à M. T...: le coût du
timbre et enregistrement du présent sont à sa charge;
dont acte, à..., les jour et an susdits; signé, lecture
faite.   (*Signature, avec approbation.*)

Il est besoin d'un double, dans le cas où le prix
du transport ne serait pas acquitté, pour rester aux
mains du cédant.

Transport de Rentes.

(*Même intitulé.*)
Lequel sieur B... déclare, par le présent, vendre,

céder, transporter, sous toute garantie de fait et de droit,

Au sieur C..., acceptant pour lui, ses successeurs ou ayant-cause,

La somme de » fr. de rente annuelle et hypothécaire, exempte d'impositions, échéant le...,

A prendre et avoir sur le sieur G..., demeurant à..., qui l'a créée au profit dudit sieur B..., moyennant le capital de » fr. » c., suivant acte passé devant Me..., notaire à..., le..., spécialement affectée et hypothéquée sur la maison dudit sieur G..., sise à..., en circonstances et dépendances, qu'il a déclaré lui appartenir, suivant l'acquisition qu'il en à faite du sieur..., par acte passé devant M..., notaire à..., le...,

Pour, par le sieur C..., en avoir la propriété, possession et jouissance, dès ce jour, et en percevoir même les arrérages tant dus et échus qu'à échoir, le tout au lieu et place du sieur B..., qui le met et subroge en tous ses droits, possessions, priviléges et hypothèques, notamment dans l'effet de l'inscription par lui prise, en vertu desdits actes, au bureau des hypothèques de..., le..., volume..., no...;

En conséquence, le sieur B... a remis à l'instant au sieur C... la grosse du titre de création et le bordereau d'inscription.

Pour faire signifier le présent, tous pouvoirs sont donnés.

Le présent transport est fait moyennant la somme de » fr. » c., payée en argent par le sieur C... au ieur B..., qui reconnaît s'en être saisi, dont quittance.

Fait et signé à...., après lecture, l'an et jour susdits.

(Signatures, avec approbation.)

Ces actes enregistrés, il faut les faire signifier par huissier aux débiteurs, avec défense de payer en d'autres mains qu'en celles des cessionnaires : cette formalité est exigée par les art. 1690 et 1691, déjà cités, pour se garantir des oppositions ou saisies-arrêts qui pourraient être faites par les créanciers du cédant, ou d'un nouveau transport, qui aurait la préférence s'il était signifié avant le premier.

CHAPITRE VIII.

ACTES DE LOUAGE.

Baux de Maisons et de Biens ruraux; Louage d'Ouvriers, de Voituriers; Devis et Marchés; Bail à Cheptel.

———

1714. *Cod. civ.* On peut louer ou par écrit, ou verbalement.

1715. Si le bail fait sans écrit n'a encore reçu aucune exécution, et que l'une des parties le nie, la preuve ne peut être reçue par témoins, quelque modique qu'en soit le prix, et quoiqu'on allègue qu'il y a eu des arrhes données. — Le serment peut seulement être déféré à celui qui nie le bail.

1716. Lorsqu'il y aura contestation sur le prix du bail verbal dont l'exécution a commencé, et qu'il n'existera point de quittance, le propriétaire en sera cru sur son serment, si mieux n'aime le locataire demander l'estimation par experts; auquel cas les frais de l'expertise restent à sa charge, si l'estimation excède le prix qu'il a déclaré.

1717. Le preneur à le droit de sous-louer, et même de céder son bail à un autre, si cette faculté ne lui a pas été interdite. — Elle peut être interdite pour le tout ou partie. — Cette clause est toujours de rigueur.

1718. Les articles du titre *du Contrat de Mariage et des Droits respectifs des Epoux*, relatifs aux baux des biens des femmes mariées, sont applicables aux baux des biens des mineurs.

1719. Le bailleur est obligé, par la nature du contrat, et sans qu'il soit besoin d'aucune stipulation particulière, — 1º délivrer au preneur la chose louée; — 2º d'entretenir cette chose en état de servir l'usage pour lequel elle a été louée; — 3º d'en faire jouir paisiblement le preneur pendant la durée du bail.

1720. Le bailleur est tenu de délivrer la chose en bon état de réparations de toute epèce. — Il doit y faire, pendant la durée du bail toutes les réparations qui peuvent devenir nécessaires, autres que les locatives.

1721. Il est dû garantie au preneur pour tous les vices ou défauts de la chose louée qui en empêchent l'usage, quand même le bailleur ne les aurait pas connus lors du bail. — S'il résulte de ces vices ou défauts quelque perte pour le preneur, le bailleur est tenu de l'indemniser.

1722. Si pendant la durée du bail, la chose louée est détruite en totalité par cas fortuit, le bail est résilié de plein droit; si elle n'est détruite qu'en partie, le preneur peut, suivant les circonstances, demander ou une diminution du prix, ou la résiliation même du bail. Dans l'un et l'autre cas, il n'y a lieu à aucun dédommagement.

1723. Le bailleur ne peut pendant la durée du bail, changer la forme de la chose louée.

1724. Si durant le bail, la chose louée a besoin de réparations urgentes et qui ne puissent être différées jusqu'à sa fin, le preneur doit les souffrir, quelque incommodité qu'elles lui causent, et quoiqu'il soit privé pendant qu'elles se font, d'une partie de la chose louée. — Mais, si ces réparations durent plus de quarante jours, le prix du bail sera diminué à proportion du temps et de la partie de la chose louée dont il aura été privé. — Si les réparations sont de telle nature qu'elles rendent inhabitable ce qui est nécessaire au logement du preneur et de sa famille, celui-ci pourra faire résilier le bail.

1725. Le bailleur n'est pas tenu de garantir le preneur du trouble que des tiers apportent par voies de fait à sa jouissance, sans prétendre aucun droit sur la chose louée, sauf au preneur à les poursuivre en son nom personnel.

1726. Si, au contraire, le locataire ou le fermier ont été troublés dans leur jouissance par suite d'une action concernant la propriété du fonds, ils ont droit à une diminution proportionnée sur le prix du bail à loyer ou à ferme, pourvu que le trouble et l'empêchement aient été dénoncés au propriétaire.

1727. Si ceux qui ont commis les voies de fait, prétendent avoir quelque droit sur la chose louée, ou si le preneur est lui-même cité en justice pour se voir condamner au délaissement de la totalité ou de partie de cette chose, ou à souffrir l'exercice de quelque servitude, il doit appeler le bailleur en garantie, et doit être mis hors d'instance, s'il l'exige, en nommant le bailleur pour lequel il possède.

1728. Le preneur est tenu de deux obligations principales, — 1º D'user de la chose louée en bon père de famille, et suivant la destination qui lui a été donnée par le bail, ou suivant celle présumée d'après les circonstances, à défaut de conventions; — 2º de payer le prix du bail au terme convenu.

1729. Si le preneur emploie la chose louée à un autre usage que celui auquel elle a été destinée, ou dont il puisse résulter un dommage pour le bailleur, celui-ci peut, suivant les circonstances, faire résilier le bail.

1730. S'il a été fait un état des lieux entre le bailleur et le preneur, celui-ce doit rendre la chose telle qu'il l'a reçue, suivant cet état, excepté ce qni a péri ou a été dégradé par vétusté ou force majeure.

1731. S'il n'a pas été fait d'état des lieux, le preneur est présumé les avoir reçus en bon état de réparations locatives, et doit les rendre tels, sauf la preuve contraire.

1732. Il répond des dégradations ou des pertes qui arrivent pendant sa jouissance, à moins qu'il ne prouve qu'elles ont eu lieu sans sa faute.

1733. Il répond de l'incendie, à moins qu'il ne prouve — Que l'incendie est arrivé par cas fortuit, force majeure, ou par vice de construction, — Ou que le feu a été communiqué par une maison voisine.

1734. S'il y a plusieurs locataires, tous sont solidairement responsables de l'incendie; — A moins qu'ils ne prouvent que l'incendie a commencé dans l'habitation de l'un d'eux, auquel cas celui-là seul en est tenu; — Ou que quelques-uns ne prouvent que l'incendie n'a pu commencer chez eux, auquel cas ceux-là n'en sont pas tenus.

1735. Le preneur est tenu des dégradations et des pertes qui arrivent par le fait des personnes de sa maison ou de ses sous-locataires.

1736. Si le bail a été fait sans écrit, l'une des parties ne pourra donner congé à l'autre qu'en observant les délais fixés par l'usage des lieux.

1737. Le bail cesse de plein droit à l'expiration du terme fixé, lorsqu'il a été fait par écrit, sans qu'il soit nécessaire de donner congé.

1738. Si, à l'expiration des baux écrits, le preneur reste et est laissé en possession, il s'opère un nouveau bail dont l'effet est réglé par l'article relatif aux locations faites sans écrit.

1739. Lorsqu'il y a un congé signifié, le preneur quoiqu'il ait continué sa jouissance, ne peut invoquer la tacite réduction.

1740. Dans le cas des deux articles précédens, la caution donnée pour le bail ne s'étend pas aux obligations résultant de la prolongation.

1741. Le contrat de louage se résout par la perte de la chose louée, et par le défaut respectif du bailleur et du preneur, de remplir leurs engagemens.

1742. Le contrat de louage n'est point résolu par la mort du bailleur, ni par celle du preneur.

1743. Si le bailleur vend la chose louée, l'acquéreur ne peut expulser le fermier ou le locataire qui a un bail authentique ou dont la date est certaine, à moins qu'ils ne se soit réservé ce droit par le contrat de bail.

1744. S'il a été convenu, lors du bail, qu'en cas de vente, l'acquéreur pourrait expulser le fermier ou locataire, et qu'il n'ait été fait aucune stipulation sur les dommages et intérêts, le bailleur est tenu d'indemniser le fermier ou locataire de la manière suivante.

1745. S'il s'agit d'une maison, appartement ou boutique, le bailleur paie à titre de dommages et intérêts, au locataire évincé, une somme égale au prix du loyer, pendant le temps qui, suivant l'usage des lieux, est accordé entre le congé et la sortie.

1746. S'il s'agit de biens ruraux, l'indemnité que le bailleur doit payer au fermier, est du tiers du prix du bail pout tout le temps qui reste à courir.

1747. L'indemnité se réglera par experts, s'il s'agit de manufactures, usines, ou autres établissemens qui exigent de grandes avances.

1748. L'acquéreur qui veut user de la faculté réservée par le bail, d'expulser le fermier ou locataire en cas de vente, est, en outre, tenu d'avertir le locataire au temps d'avance usité dans le lieu pour les congés. — Il doit aussi avertir le fermier de biens ruraux, au moins un an à l'avance.

1749. Les fermiers ou locataires ne peuvent être expulsés qu'ils ne soient payés par le bailleur, ou, à son défaut, par le nouvel acquéreur, des dommages et intérêts ci-dessus expliqués.

1750. Si le bail n'est pas fait par acte authentique, ou n'a point de date certaine, l'acquéreur n'est tenu d'aucuns dommages et intérêts.

1751. L'acquéreur à pacte de rachat ne peut user de la faculté d'expulser le preneur, jusqu'à ce que, par l'expiration du délai fixé pour le réméré, il devienne propriétaire incommutable.

1752. Le locataire qui ne garnit pas la maison de meubles suffisans peut être expulsé, à moins qu'il ne donne des sûretés capables de répondre du loyer.

1753. Le sous-locataire n'est tenu envers le propriétaire que jusqu'à concurrence du prix de sa souslocation dont il peut être débiteur au moment de la saisie, et sans qu'il puisse opposer des paiemens faits par anticipation. — Les paiemens faits par le sous-locataire, soit en vertu d'une stipulation portée en son bail, soit en conséquence de l'usage des lieux, ne sont pas réputés faits par anticipation.

1754. Les réparations locatives ou de menu entretien dont le locataire est tenu, s'il n'y a clause contraire, sont celles désignées comme telles par l'usage des lieux, et, entre autres, les réparations à faire, — Aux âtres, contre-cœurs, chambranles et tablettes de cheminées ; —Au récrépiment du bas des murailles des appartemens et autres lieux d'habitation, à la hauteur d'un mètre ; — Aux pavés et carreaux des chambres, lorsqu'il y en a seulement quelques-uns de cassés ; — Anx vitres, à moins qu'elles ne soient cassées par la grêle, ou autres accidens extraordinaires et de force majeure, dont le locataire ne peut être tenu ; — Aux portes, croisées, planches de cloison ou de fermetures de boutiques, gonds, targettes et serrures.

1755. Aucune des réparations réputées locatives n'est à la charge des locataires, quand elles ne sont occasionées que par vétusté ou force majeure.

1756. Le curement des puits et celui des fosses d'aisance sont à la charge du bailleur, s'il n'y a clause contraire.

1757. Le bail des meubles fournis pour garnir une maison entière, un corps de logis entier, une boutique, ou tous autres appartemens, est censé fait pour la durée ordinaire des baux de maisons, corps de logis, boutiques ou autres appartemens, selon l'usage des lieux.

1758. Le bail d'un appartement meublé est censé fait à l'année, quand il a été fait à tant par an ; — Au mois, quand il a été fait à tant par mois ; — Au jour s'il a été fait à tant par jour. — Si rien ne constate que le bail soit fait à tant par an, par mois ou par jour, la location est censée faite suivant l'usage des lieux.

1759. Si le locataire d'une maison ou d'un appartement continue sa jouissance après l'expiration du bail par écrit, sans opposition de la part du bailleur, il sera censé les occuper aux mêmes conditions, pour le terme fixé par l'usage des lieux, et ne pourra plus en sortir ni en être expulsé qu'après un congé donné suivant le délai fixé par l'usage des lieux.

1760. En cas de résiliation par la faute du locataire, celui-ci est tenu de payer le prix du bail pendant le temps nécessaire à la relocation, sans préjudice des dommages et intérêts qui ont pu résulter de l'abus.

1761. Le bailleur ne peut résoudre la location, encore qu'il déclare vouloir occuper par lui-même la maison louée, s'il n'y a eu convention contraire.

1762. S'il a été convenu dans le contrat de louage, que le bailleur pourrait venir occuper la maison, il est tenu de signifier d'avance un congé aux époques déterminées par l'usage des lieux.

1763. Celui qui cultive sous la condition d'un partage de fruits avec le bailleur, ne peut ni sous-louer ni céder, si la faculté ne lui en a été expressément accordée par le bail.

1764. En cas de contravention, le propriétaire a droit de rentrer en jouissance, et le preneur est condamné aux dommages et intérêts résultant de l'inexécution du bail.

1765. Si, dans un bail à ferme, on donne aux fonds une contenance moindre ou plus grande que celle qu'ils ont réellement, il n'y a lieu à augmentation ou diminution de prix pour le fermier, que dans les cas et suivant les règles exprimées au titre *de la Vente*.

1766. Si le preneur d'un héritage rural ne le garnit pas des bestiaux et des ustensiles nécessaires à son exploitation, s'il abandonne la culture, s'il ne cultive pâs en bon père de famille, s'il emploie la chose louée à un autre usage que celui auquel elle a été destinée, ou, en général, s'il n'exécute pas les clauses du bail, et qu'il en résulte un dommage pour le bailleur, celui-ci peut, suivant les circonstances, faire résilier le bail.

En cas de résiliation provenant du fait du preneur, celui-ci est tenu des dommages et intérêts, ainsi qu'il est dit en l'art. 1764.

1767. Tout preneur de bien rural est tenu d'engranger dans les lieux à ce destinés d'après le bail.

1768. Le preneur d'un bien rural est tenu, sous peine de tous dépens, dommages et intérêts, d'avertir le propriétaire des usurpations qui peuvent être commises sur les fonds.

Cet avertissement doit être donné dans le même délai que celui qui est réglé en cas d'assignation, suivant la distance des lieux.

1769. Si le bail est fait pour plusieurs années, et que, pendant la durée du bail, la totalité ou la moitié d'une récolte au moins soit enlevée par des cas fortuits, le fermier peut demander une remise du prix de sa location, à moins qu'il ne soit indemnisé par les récoltes précédentes.

S'il n'est pas indemnisé, l'estimation de la remise ne peut avoir lieu qu'à la fin du bail, auquel temps il se fait une compensation de toutes les années de jouissance.

Et cependant le juge peut provisoirement dispenser le preneur de payer une partie du prix en raison de la perte soufferte.

1770. Si le bail n'est que d'une année, et que la perte soit de la totalité des fruits, ou au moins de la moitié, le preneur sera déchargé d'une partie proportionnelle du prix de la location.

Il ne pourra prétendre aucune remise, si la perte est moindre de moitié.

1771. Le fermier ne peut obtenir de remise, lorsque la perte des fruits arrive après qu'ils sont séparés de la terre, à moins que le bail ne donne au propriétaire une quotité de la récolte en nature ; auquel cas le propriétaire doit supporter sa part de la perte, pourvu que le preneur ne fût pas en demeure de lui délivrer sa portion de récolte.

Le fermier ne peut également demander une remise, lorsque la cause du dommage était existante et connue à l'époque où le bail a été passé.

1772. Le preneur peut être chargé des cas fortuits par une stipulation expresse.

1773. Cette stipulation ne s'entend que des cas fortuits ordinaires, tels que grêle, feu du ciel, gelée ou coulure.

Elle ne s'entend pas des cas fortuits extraordinaires, telles que les ravages de la guerre, ou une inondation, auxquels le pays n'est pas ordinairement sujet, à moins que le preneur n'ait été chargé de tous les cas fortuits prévus ou imprévus.

1774. Le bail, sans écrit, d'un fonds rural, est censé fait pour le temps qui est nécessaire, afin que le preneur recueille tous les fruits de l'héritage affermé.

Ainsi le bail à ferme d'un pré, d'une vigne, et de tout autre fonds dont les fruits se recueillent en entier dans le cours de l'année, est censé fait pour un an.

Le bail des terres labourables, lorsqu'elles se divisent par soles ou saisons, est censé fait pour autant d'années qu'il y a de soles.

1795. Le bail des héritages ruraux, quoique fait sans écrit, cesse de plein droit à l'expiration du temps pour lequel il est censé fait, selon l'art. précédent.

1776. Si, à l'expiration des baux ruraux écrits, le preneur reste et est laissé en possession, il s'opère un nouveau bail dont l'effet est réglé par l'article 1774.

1777. Le fermier sortant doit laisser à celui qui lui succède dans sa culture, les logemens convenables et autres facilités pour les travaux de l'année suivante; et, réciproquement, le fermier entrant doit procurer à celui qui sort les logemens convenables et autre facilités pour la consommation des fourrages, et pour les récoltes restant à faire.

Dans l'un et l'autre cas, on doit se conformer à l'usage des lieux.

1778. Le fermier sortant doit aussi laisser les pailles et engrais de l'année, s'il les a reçus lors de son entrée en jouissance; et quand même il ne les aurait pas reçus, le propriétaire pourra les retenir suivant l'estimation.

Le bail est nul envers des créanciers qui font saisir les immeubles du bailleur, s'il n'a date certaine. (article 691, Code de procédure civile.)

1328. *C. civ*. Les actes sous seing privé n'ont de date contre les tiers, que du jour où ils ont été enregistrés, du jour de la mort de celui ou de l'un de ceux qui les ont souscrits, ou du jour où leur substance est constatée dans des actes dressés par des officiers publics, tels que procès-verbaux de scellé ou d'inventaire.

Bail à loyer.

Entre les soussignés ..., demeurant à ..., stipulés, représentés par ..., suivant procuration passée devant Me ..., notaire à ..., le ..., d'une part,

Et le sieur ..., demeurant à ..., d'autre part,

A été convenu ce qui suit :

Que ledit ... donne à titre de bail audit sieur ..., pour trois, six ou neuf années, au choix des parties, en s'avertissant six mois d'avance,

Une maison, en circonstances et dépendances, située à ..., avec le ... qui en dépend et le droit d'aller aux latrines, ladite maison telle qu'elle est et se comporte, sans réserve ni exception et tout et autant qu'en jouit le sieur ..., pour, par ledit ..., entrer en jouissance à ... et la quitter à pareille époque des trois, six ou neuf années.

Le présent bail est fait pour et moyennant ... f. de loyer par an, payable en deux termes égaux, St.-Michel et Pasques, pour être le premier terme payé à la

St.-Michel de la première année, le deuxième à ...,
pour ainsi continuer jusqu'en fin de jouissance.

Payera ledit ... l'impôt des portes et fenêtres à
partir d... de la présente année.

Les droits d'enregistrement du présent bail, s'il
est nécessaire de le faire enregistrer, seront supportés
par ledit...

Il est reconnu que dans la chambre ...; enfin que
dans ... on a substitué ... , et ledit ... ne sera tenu
que de les remettre dans le même état.

Il est aussi reconnu qu'il y a dans les appartemens...

Le sieur ... ne sera point tenu à la fin de sa jouissance de faire peindre les appartemens, vu qu'il ne
lui ont point été donnés en bon état de peinture.

Il est convenu entre les parties que le prix des réparations que ledit ... a fait faire en entrant, se com-
pensera contre la jouissance qu'il a eue de ladite maison plusieurs semaines avant l'époque fixée par le
présent bail.

Sera le présent enregistré, déposé et reconnu devant notaire, aux frais du preneur, si le bailleur l'exige
et à sa première réquisition.

Le présent fait et signé double à ..., le ..., etc.

Autre bail à loyer.

Je soussigné, ..., reconnais, par le présent, avoir
donné à titre de bail à loyer et prix d'argent, pour
neuf années qui commenceront à ... prochain et finiront à pareil jour de l'an...,

Au sieur .., prenant et acceptant, audit titre aussi soussigné, c'est à savoir :

Une maison d'habitation, sise à ..., rue..., portant le nº .., à usage de ... consistant ...

Il est expressément convenu que ...,

Se réserve le bailleur de faire des changemens et s'oblige d'acquitter l'impôt foncier seulement,

A la charge par le preneur d'habiter ladite maison par lui-même, et de ne pouvoir sous-bailler les objets loués sans le consentement du bailleur, et de les entretenir en bon état de réparation, ainsi qu'il est d'usage, etc.

Le présent bail est ainsi fait par et moyennant le prix et somme de ... fr. par an ... payable, etc.

Pour le vin du présent bail le preneur a présentement payé la somme de ... fr. au bailleur qui le reconnais, dont quittance.

Fait et signé double à ..., le ..., après lecture.

Bail à Ferme.

Je soussigné ..., stipulant au nom et comme usufruitier des biens d..., reconnais avoir par le présent cédé à titre de bail à ferme, pour le temps et espace de neuf années entières et consécutives qui commenceront par la récolte de ... et finiront par celle de l'an ..., pendant lequel temps il promet faire jouir paisiblement,

Au sieur ... ici présent, preneur et acceptant audit titre, aux charges, clauses et conditions ci-après, qu'il promet d'exécuter ponctuellement, c'est à savoir :

Une ferme, sise à ..., composée, 1° de cour édifiée de bâtimens; 2° ... acres de terres labourables; 3° etc. : le tout sera pris ainsi qu'il est, sans fourniture ni répétition de mesure, quelle que soit la différence en plus ou en moins qui pourrait s'y rencontrer.

Déclarant le sieur ..., parfaitement connaître les objets à lui affermés pour les avoir vus et parcourus, pourquoi il n'en a été exigé d'autres détails; il est à observer que lesdites terres sont situées tant à ..., qu'en la commune de ..., et autres circonvoisines.

Ou ... acres de terres labourables environ, en plusieurs pièces, situées sur les communes d.., sans fourniture de mesure ni répétition de surmesure (close expresse), telles qu'elles sont et se comportent en plus ou en moins et qu'en jouit à titre de fermier le preneur, lequel a dit bien connaître les bornemens, situations et contenance et n'en vouloir plus ample désignation; ne font point partie du présent ... et tout autant que le bailleur en aurait acquis du sieur ... seulement.

Ou, dont le détail suit, par triège et bornement.

A la charge par le preneur,

1° De bien labourer, fumer, ensemencer et cultiver lesdites terres, sans les dessoler, des saisonner ni décompoter, ainsi qu'il est d'usage.

2° De maintenir et conserver, pendant le courant du présent, les propriétés ci-dessus affermées, de manière qu'il ne soit fait aucune usurpation, parce qu'en cas contraire le preneur intentera action à ses frais et dépens, et la fera juger en justice de paix et en donnera connaissance au bailleur, sauf au dernier, si bon lui semble, à suivre l'instance en cause d'appel.

3o De payer et avancer sans diminution du prix ci-après fixé, pendant le courant du présent, tous les impôts prévus et imprévus, établis et à établir, sous quelques dénominations que ce puisse être, auxquels les objets ci-dessus affermés pourront être imposés, et d'en justifier et représenter les quittances tous les ans au bailleur.

4o De faire arracher pendant le courant du présent les arbres qui mourront ou tomberont par impétuosité des vents, existant sur lesdites terres, de de les faire casser, mettre le branchage en bourrée, et de les rendre à ... à ses frais et à la résidence du sieur ..., bailleur.

5 o Sera obligé le preneur de faire écheniller, de trois ans en trois ans, et émonder lesdits arbres, faire ôter le bois sec qui reviendra à son profit et rechausser lesdits arbres.

6o De remettre à la fin de sa jouissance les objets affermés en état de culture.

7o Reconnaîtra le preneur, à ses frais, le présent devant notaire, à la première réquisition du bailleur, et lui en délivrera une grosse exécutoire.

Ce bail est ainsi fait et en outre les charges, clauses et conditions ci-dessus, moyennant le prix et somme de ... fr. de fermage par an, payable, etc.

S'obligeant même ledit preneur à l'exécution dudit bail par corps, comme s'agissant de fermage de biens ruraux.

Autre bail à Ferme.

Je soussigné ..., reconnais, par le présent, avoir cédé à titre de bail à ferme pour neuf années, et neuf récoltes consécutives, la première ayant commencé par l'an ..., pour finir par celle d... inclusivement.

Au sieur ..., à ce présent, preneur et acceptant, audit titre de bail à ferme, et pour ledit temps ; savoir :

... Pièces de terre en labour, situées sur la commune de ..., et contenant ensemble :

La première ... au triège D. B. D. C.

Lesdites ... pièces de terres affermées telles qu'elles sont et se comportent, sans exception ou réserve, et sans fourniture ni répétition de mesure, et qu'elles appartiennent au bailleur, au droit de l'acquisition qu'il en a fait de ..., suivant acte passé.

A la charge, par le preneur, 1° de garder et conserver les droits et possession du bailleur, sans souffrir qu'il soit fait aucune entreprise sur lesdites terres, ainsi que de les bien labourer, fumer, cultiver et ensemencer, comme les voisins bons ménagers, sans pouvoir les dessoler ni dessaisonner.

2° De payer les contributions foncières et autres, etc.

3° De supporter, sans recours ni indemnité, les pertes qu'il éprouverait pour grêle, inondation, intempérie, stérilité, épidémie ou autres événemens.

4° L'obligeant même à l'exécution du bail par corps, comme s'agissant de fermage de biens ruraux ;

5° Reconnaîtra devant notaire le présent à ses frais et en délivrera grosse exécutoire au bailleur.

Le présent bail est ainsi fait et moyennant ... fr. par an payable le...

Fait, arrêté et signé double, après lecture, à ..., le an ...

Clause pour les Contributions.

De payer à l'acquit du bailleur, si bien et de manière qu'il n'en puisse être inquiété ni recherché, sans aucune diminution principale ci-après, l'impôt foncier quel qu'il soit ou puisse être au commencement ou pendant la durée du présent bail, même celui qualifié d'extraordinaire de guerre, taxes, surcharge ou autrement. Renonçant le preneur à tout bénéfice de réglement ou dispositions législatives à ce contraire; d'en apporter l'acquit ou les quittances au bailleur à la fin de chaque année.

Stipulations pour les Contributions.

La clause relative aux impôts mis à la charge du fermier, quoique très-formelle et très-expresse, n'est pas tellement absolue qu'il ne puisse arriver que le propriétaire soit tenu d'y contribuer éventuellement, parce qu'il est possible qu'une loi de circonstance le veuille ainsi.

Les impôts extraordinaires de 1813 et de 1814, la taxe de guerre de 1815, et l'emprunt de cent millions établi en la même année, en fournissent de nombreux et récens exemples.

Ces impôts extraordinaires, cette taxe de guerre, nonobstant les stipulations des baux qui chargeaient les fermiers de toutes les contributions prévues et imprévues dans les termes plus généraux et les plus expressifs, ont cependant été mis moitié à la charge du propriétaire, et moitié à la charge du fermier, et l'emprunt de cent millions à la seule charge du propriétaire.

Ce qui est arrivé plusieurs fois peut encore arriver, parce que, en matière d'impôts, les conventions particulières sont dans la dépendance de la loi, qui peut à son gré y déroger, les modifier, même les rendre sans effets.

Cette puissance législative pourrait aisément se justifier ; mais il n'en est pas besoin, il suffit de savoir qu'elle existe... Il n'y pas de français qui puisse en douter.

DE LA CONTRAINTE PAR CORPS

EN MATIÈRE CIVILE

Contre les Fermiers, pour le paiement des fermages des biens ruraux.

Art. 2062. *Code civil.* La contrainte par corps ne peut être ordonnée contre les fermiers pour le paiement des fermages des biens ruraux, si elle n'a été stipulée formellement dans l'acte de bail. Néanmoins, les fermiers et les colons partiaires peuvent être contraints par corps, faute par eux de représenter, à la fin du bail, le cheptel de bétail, les semences et les instrumens aratoires qui leur ont été confiés ; à moins qu'ils ne justifient que le déficit de ces objets ne procède point de leur fait.

2065. Elle ne peut être prononcée pour une somme moindre de 300 francs.

2067. La contrainte par corps, dans le cas même où elle est autorisée par la loi, ne peut être appliquée qu'en vertu d'un jugement.

Bail à ferme à trois particuliers.

L'an..., le..., entre les soussignés B..., domiciliés à..., d'une part,

M...... }
D...... } domiciliés à..., d'autre part,
N...... }

A été convenu et arrêté ce qui suit :

Que M. B... donne par le présent, à titre de bail à ferme, prix d'argent et faisances, pour le temps et espace de neuf années entières et consécutives, à partir de jouissance du jour Saint-Michel dernier, pour lever jachères, ensemencer l'année prochaine, récolter en l'an..., et finir à pareil jour Saint-Michel après la révolution et accomplissement desdites neuf années, à MM. M..., D... et N..., tous trois acceptant et preneurs pour ledit temps, aux prix, charges, clauses et conditions ci-après :

La quantité de... hectares... ares... centiares environ (ou... acres, ancienne mesure) de terre labourable, située en la commune de..., au triège de..., qui est le lot de terre dont jouissait il y a...ans M..., suivant bail passé devant Me..., notaire à..., le..., et desquels biens il n'a point été donné par ces présentes d'autres ni plus amples désignations, attendu que les preneurs déclarent les bien connaître et savoir par situation, contenances, bouts et côtés, les avoir vus et visités précédemment, que

M. B..., bailleur, dit lui appartenir propriétairement et par acquêt en forme,

Pour, par lesdits preneurs, en jouir, pendant le cours du présent bail, par portions distinctes et séparées, savoir :

M. M..., de... hectares... ares... environ (ou... acres ancienne mesure);

M. D... de pareille quantité...;

Et ledit sieur N... de... hectares... ares... centiares, qu'ils partageront et diviseront à l'amiable à la même totalité qui leur est affermée, et s'il arrive qu'il y en ait plus ou moins, les preneurs en auront le profit, en supporteront la perte, au prorata de chacun leur teneur, à quoi ils apèreront arrière et sans y appeler ledit bailleur, qui, à ce moyen, les afferme sans fourniture ni répétition de mesure, aux charges, par les preneurs, de bien et dûment labourer, fumer, semer et cultiver lesdites terres en temps et saisons, comme les voisins et bons ménagers, suivant l'usage du pays, sans les dessaisonner, ni décompoter, en conserver les possessions sans y souffrir aucune entreprise, sous peine d'en répondre personnellement et d'en acquitter les impositions prévues et imprévues pendant le courant de ce bail, à partir de... sans espoir de diminution ou compensation sur leurs fermages, et de justifier des quittances du percepteur au bailleur à chaque terme.

Les preneurs remettront au bailleur à la fin du bail, la quantité de... bottes de paille du poids de... kilogrammes chaque, et ce au prorata de ce qui est affermé à chacun d'eux, parce qu'ils en recevront de lui à l'entrée de leur jouissance le même nombre et même poids qu'ils partageront de la même manière de celle qu'ils doivent rendre ; aux fins par eux de les convertir en fumier pour l'engrais de leurs fermages respectifs.

Le présent bail est fait moyennant la somme de... pour ce qui regarde l'article de **M. M**.... » fr. » c.

Pareille somme pour le lot de **M. D**... » fr. » c.

Et celle de... pour l'art. de **M. N**.... » fr. » c.

Somme égale...... » fr. » c.

de fermage par chacun an, à raison et sur le pied de... fr. par hectare, ou représentant... acre ancienne mesure, formant les sommes ci-dessus, pour chacun desdits preneurs, qu'ils paieront séparément audit bailleur, en son domicile, en trois termes et paiemens égaux qui seront, pour les premiers, à écheoirs et exigibles le... de l'année..., pour ainsi continuer jusqu'à fin du bail aux mêmes échéances ; plus, délivrer deux dindes pesant chacun six kilogrammes, deux couples de poulets, une couple de chapons tous les ans, à partir du... prochain, au bailleur, à son domicile ; pour les faisances, les preneurs s'entendront ensemble, si mieux ils n'aiment payer la somme de... fr. ... c. approximée pour la valeur d'icelle au choix du bailleur, le tout sans aucune solidarité entre eux, mais bien pour chacun leur fait et regard.

Les droits d'enregistrement du présent bail seront acquittés, par portions égales, par les preneurs au bailleur qui en fera l'avance.

Fait et signé quatruple, après lecture, à..., le jour et an susdits.

(Signatures , avec approbation).

Bail de deux Moulins à Farine.

Les soussignés..., demeurant à..., et..., domicilié à...,

Copropriétaires indivis des biens ci-après désignés, d'une part,

Et madame veuve..., meunière et marchande de farine, demeurant à..., d'autre part,

Ont fait et arrêté ce qui suit :

Les sieurs... donnent, par le présent, à loyer, à madame veuve..., qui l'accepte pour trois, six ou neuf années, entières et consécutives, au choix du preneur, et ce à compter de ce jour, sous les réserves qui seront exprimées ci-après,

Deux moulins à eau faisant de blé farine, établis sur deux bras de la rivière de..., commune de..., garnis de leurs meules, ustensiles, tournans et travaillans ; ils se composent, en ce moment, de deux cages, unies entre elles par un corps de bâtiment servant à l'habitation, de divers autres corps de bâtimens formant les écuries et les étables, et de constructions commencées dont l'achèvement sera déterminé entre les parties.

Les dépendances territoriales consistent en plusieurs pièces de terre, prés, bois, jardins, îlots, contenant en tout environ... arpens, d'après le plan que les propriétaires remettront à madame...

Se trouve nommément compris dans la location le droit de chasse et de pêche, tel qu'il est transmis aux propriétaires par le contrat d'acquisition.

Madame... entrera en jouissance desdits biens dès

aujourd'hui, même pour les récoltes à faire, qui sont encore sur pied, et qui n'ont point été adjugées.

Elle entretiendra les moulins et les bâtimens en dépendant, et les rendra, à la fin du bail, en bon état de toutes réparations locatives ; elle rendra, également à la même époque, les tournans et travaillans, les meubles et ustensiles, en bon état, conformément à la prisée qui en sera faite entre les parties immédiatement après l'achèvement des réparations que les bailleurs s'obligent à faire faire de suite. Après lesdites réparations, il sera fait entre les parties, et à l'amiable, une prisée et estimation des tournans, virans, travaillans et ustensiles de moulins, pour qu'à la fin de la jouissance il soit fait une nouvelle estimation, et la plus value être remboursée à qui de droit.

Elle sera tenue de souffrir toutes les grosses réparations, sans pouvoir prétendre à aucun dédommagement ni indemnité, pourvu toutefois que les réparations ne durent pas plus de six mois ; de ne faire aucune dégradation ni enlèvement de matériaux, de ne rien construire que du consentement par écrit des bailleurs : elle devra, au contraire, faire ramasser et serrer tous les matériaux qui proviendraient de dégradations par vétusté ou cas fortuit.

Elle sera tenue de faire faucher la rivière, et, pendant la durée du bail, curer, aussi souvent que besoin sera, et de rigueur à la fin du bail, quelle que soit sa durée, les fossés et rigoles pour l'écoulement des eaux qui parcourent les dépendances de la propriété présentement louée, étant observé, à cet égard, que le premier curage, celui qui devra être fait immédiatement, le sera par les propriétaires et à leurs frais.

Elle aura soin d'élaguer les arbres qui sont dans l'usage de l'être, et qui se trouvent dans la propriété; de remplacer par des sujets jeunes et vigoureux ceux qui viendraient à mourir, à dépérir ou à être arrachés par les vents : dans ce cas, elle profitera des branches élaguées, des troncs des arbres morts ou arrachés et remplacés; et, dans tous les cas, elle ne pourra faire ces élagages et plantations qu'en temps et saison convenables. Toutefois seront seulement élagués les arbres désignés par les propriétaires, qui pourront toujours augmenter les plantations, les varier partout où ils le jugeront convenable, pourvu qu'il n'en résulte aucun préjudice pour le preneur.

Il sera fait, de compte à demi entre les propriétaires et le preneur, dans les fossés et les lieux convenus entre eux, des plantations d'osier dont l'exploitation sera exclusivement confiée aux soins de madame...; elle sera, en outre, chargée de les faire couper, apprêter, à frais communs, pour le produit de la vente être partagé par moitié entre elle et les bailleurs, après déduction faite des frais de toute nature : cette jouissance est établie sur cette base pour toute la durée du bail; mais, à l'expiration, les plantations d'osier qui auront été faites seront abandonnées et resteront à la propriété.

Elle ne souffrira aucun usage qui pourrait passer en servitude; elle reste garant et responsable des négligences et de l'inobservation des réglemens relatifs à la levée des fausses vannes lorsque les moulins sont arrêtés.

Elle ne pourra s'opposer à la coupe, de la part des propriétaires, d'aucune partie de bois ou arbres que les bailleurs jugeront convenable de faire faire, et à leur remplacement en telle nature d'arbres ou de bois qu'il leur plaira.

Elle sera tenue d'habiter les bâtimens desdits moulins par elle-même avec ses domestiques, de garnir les lieux de meubles, effets, bestiaux et ustensiles d'exploitation suffisans et nécessaires pour bien faire valoir et pour assurer le paiement des loyers et l'exécution des charges, clauses et conditions du présent bail.

Elle pourra céder le droit au présent bail en restant-elle-même caution ou en faisant accepter aux bailleurs une caution bonne et solvable en son lieu .et place.

.A défaut de paiement des loyers aux époques et lieux qui seront ci-après fixés, le bail sera résilié de plein droit, et les propriétaires exerceront soit envers le preneur, soit envers les cessionnaires, leurs recours avec les priviléges que leur accorde la loi.

Les contributions de toute nature étant même à la charge du preneur, madame... les paiera à compter de ce jour en l'acquit des propriétaires, et devra justifier de ce paiement à toute réquisition de ces messieurs, par les quittances du receveur ; en cas de décès de madame..., si elle exploitait elle-même, le bail se trouverait résilié de plein droit sans que ses héritiers puissent interrompre le service du moulin. Si le bail avait été cédé par elle à un autre fermier, il continuerait d'avoir son effet, pourvu que celui-ci fournisse une autre caution au lieu et place de madame...

De leur côté, les bailleurs s'obligent solidairement de faire jouir madame..., pendant le temps ci-dessus fixé, des moulins et dépendances compris dans le bail, et de faire achever dans le délai le plus court, les augmentations et réparations convenues ;

Ils s'obligent également de faire réparer et d'entretenir à leurs frais, pendant la durée du bail, les berges, rayères, vannes, meunières et fausses dannes.

Ce bail est fait, moyennant la somme de... de loyer annuel, outre les charges, que madame ..., s'oblige de payer au bailleur, en la demeure de l'un deux, de la manière suivante, vu les réparations à faire, et nonobstant la jouissance commençant dès ce jour, les premiers six mois ne seront exigibles que le premier avril prochain, les seconds six mois jusqu'à l'expiration du bail.

Par dérogation à tout ce qui précède, relativement à l'expression *bois* employée dans le cours du bail, il est expressément convenu, qu'à madame..., seule, appartient le droit de couper les bois taillis, se conformant bien entendu à l'usage déjà établi pour la coupe et aux ordonnances des eaux et forêts

Fait double, sous les seings des parties, après lecture, à..., le...

Bail d'un Moulin à Foulon et dépendance.

A titre de bail, un moulin à foulon, maison de foulonier, bâtimens, prés et côtes, et généralement toutes les dépendances et autant qu'il en appartient à M..., dans la commune d..., où sont situés lesdits objets sans exception, si ce n'est seulement des deux pièces de terre en labour qu'il se réserve comme ne faisant pas partie de ce bail.

Du tout il n'a été fait plus ample désignation, le preneur ayant déclaré en dispenser, pour connaître parfaitement lesdits objets.

Pour, par ledit... en jouir durant le présent, à la charge par lui,

1º De faire sa résidence dans ledit moulin et dépendances, et de nantir la maison et autres bâtimens d'un mobilier suffisant pour sûreté du fermage ci-après, sans pouvoir rétrocéder que du consentement du bailleur;

2º D'entretenir les bâtimens en bon état de réparations locatives, comme aussi d'entretenir le dedans du moulin et tous ses mouvemens, vannes et vannettes de décharges aussi en bon état, tels qu'ils sont à présent, ainsi que le preneur le reconnaît, pour rendre le tout de même à fin de jouissance;

3º D'entretenir les haies de clôture pour autant qu'il s'en trouve de nature à l'être; de tondre et émonder, dans les temps et saisons convenables et d'usage, lesdites haies, les saules et peupliers dont il aura les émondes;

4º De cerfoiner et rechausser les arbres fruitiers qui se trouvent tant dans les prés que sur la côte, tous les deux ans; d'épiner les jeunes arbres, afin que les bestiaux ne puissent les endommager;

5º De soigner et cultiver aussi le jardin et les arbres qui en dépendent, entretenir les îlots, prés et généralement les possessions affermées et louées, de sorte qui n'y soit commis aucunes entreprises, auquel cas le preneur sera tenu d'en avertir le bailleur.

6º D'arroser et soigner les prairies, et de se conformer pour l'irrigation d'icelles aux lois et ordonnances, de manière que le bailleur ne soit pour ce inquiété ni recherché, à peine de tous dépens, dommages et intérêts;

7º De curer la rivière, pour autant que le dit....

peut y être tenu à raison de ses propriétés présentement affermées ;

8° De continuer à ses frais l'agrandissement déjà commencé du noe dudit moulin dans la largeur de 162 milimètres (ou six pouces) ;

9° De payer, sans diminution du fermage ci-après, toutes les impositions foncières auxquelles peuvent et pourront être imposés les immeubles présentement affermés, pendant le cours de ce bail, et d'en représenter quittance au bailleur chaque année.

Le bailleur se réserve aussi de prendre et enlever toutes fois et quantes tout ou partie des peupliers dont il pourra avoir besoin, sans que le preneur puisse exiger pour ce aucun dédommagement.

Le sieur (bailleur) ne sera tenu qu'à la fourniture de la pille et de l'arbre tournant, brutes, dudit moulin, dans le cas seulement où ces deux objets viendraient à manquer, sans que, lors desdites réparations et reconstructions, le preneur puisse exiger aucunes indemnités pour raison de chômage.

Le présent bail est fait aux conditions ci-dessus, et en outre moyennant..., pour ainsi continuer de terme en terme et d'an en an jusqu'à la fin du présent, à l'exécution duquel le preneur oblige, ainsi que de droit, tous ses biens meubles et immeubles, présens et avenir ; s'obligeant même ledit preneur, à l'expiration dudit bail, par corps, comme s'agissant de fermage de biens ruraux, etc.

Transaction concernant remise d'un bail à un copreneur.

Les soussignés... reconnaissent par le présent

avoir transigé à l'amiable et de la manière qui suit, c'est
à savoir, qu'au moyen et parce que ledit..., cède audit... la jouissance des terres tant en labour, etc.,
qu'ils tiennent à ferme et en société de M..., jusqu'à l'expiration du bail, ledit... se charge de payer
la totalité des fermages dudit bail, d'en exécuter les
conditions et d'en supporter les charges, déchargeant
entièrement ledit... de tout ce qui est relatif audit
bail ; ledit..., pour indemniser ledit... de sa non-
jouissance, lui abandonne celle des objets ci-après désignés et qui font partie dudit bail, savoir : 1°... 2°...;
sans par ledit... être tenu de payer, obligé envers
qui que ce soit à payer pour lesdits objets aucuns
fermages, pour par lui jouir desdits objets jusqu'à l'expiration du bail dont ils font partie, se charge ledit... d'aider ledit... de son cheval pour faire son
blé cette année seulement

S'oblige aussi ledit... de fournir audit... quatre
voitures de fumier à deux chevaux, à prendre dans
sa cour, sans que ledit... soit obligé à aucune indemnité envers ledit..., tant pour le travail de son
cheval que pour le fumier à lui donné.

Jouira, ledit..., de la tonte des haies et arbres
qui font partie des objets dont la jouissance lui est
abandonnée par ledit... et jusqu'à l'expiration du
bail précité : de tout ce que dessus nous sommes convenus et demeurés d'accord, et avons signé le présent, fait double, à...

Etat des Lieux.

Entre nous...,
A été fait et dressé l'état des lieux de la maison

désignée par le bail du..., louée par ledit... audit...
savoir :

Dans la cuisine....

Lequel état nous avons fait et signé double, à...

Bail de Meubles.

1728. Le preneur est tenu de deux obligations principales,

1º D'user de la chose louée en bon père de famille, et suivant la destination qui lui a été donnée par le bail, ou suivant celle présumée d'après les circonstances, à défaut de convention ;

2º. De payer le prix du bail aux termes convenus.

1741. Le contrat de louage se résout par la perte de la chose louée, et par le défaut respectif du bailleur et du preneur de remplir leurs engagemens.

1752. Le locataire qui ne garnit pas la maison de meubles suffisans, peut être expulsé, à moins qu'il ne donne des sûretés capables de répondre du loyer.

Reconnais avoir donné à loyer les meubles dont la description est ci-après, savoir :

Tous lesquels meubles, ledit... reconnait avoir en sa possession et déclare en être content pour en jouir le temps..., à l'expiration duquel il promet et s'oblige rendre lesdits meubles en bon état de réparations et d'entretien usuels, et même de remplacer ceux brisés, etc.

Résiliation volontaire de Bail.

Entre..... déclarent, par le présent, volontairement se désister et départir de l'exécution du bail à loyer fait entre.... le..., consentant l'un et l'autre réciproquement que ledit bail soit et demeure nul et résolu, sans aucuns dépens, dommages, intérêts et indemnités, pour le temps qui restera à expirer à compter du.... prochain, auquel jour ledit.... sera tenu et promet vider ladite maison, la rendre libre, en état de réparation, pour par ledit.... en faire et disposer comme bon lui semblera, sous la condition, néanmoins, que ledit sieur.... acquittera audit jour, pour la cessation du bail, en faisant la remise des clefs, les loyers alors échus, conformément audit bail, lequel, pour ce seulement, aura son entière force et vertu.

Fait double à.....

Autre Résiliation volontaire de Bail.

Le....., entre......, lesquels, de consentement mutuel, ont par ces présentes résilié, comme de fait ils résilient le bail ci-dessus énoncé, pour qu'il cesse d'avoir son effet le.... prochain, au plus tard, et plus tôt suivant le cas ci-après prévu.

Ledit sieur..... aura la faculté de rester sur les lieux, si bon lui semble, jusqu'audit jour...; cependant, si avant cette époque M.... trouve un locataire, il devra quitter sur-le-champ sa jouissance, parce qu'il lui tiendra compte de ladite jouissance au prorata du temps.

Ensuite avons exercé le compte des loyers et frais en tous genres qui sont dus au sieur.... jusqu'audit jour. Il en est résulté qu'il est dû à M.... une somme de » fr. » c., pour ledit.... demeurer quitte, tant

des loyers qui échéront, que de tous frais faits jusqu'à ce jour.

Il est encore convenu que du moment où ledit....
cessera d'habiter les lieux, il devra payer à M.....
la somme de » fr. » c. pour les trois mois de jouissance qui échéront le..... prochain, sauf à M.... à
lui tenir compte d'une portion de cette jouissance
au prorata du temps, s'il trouve un autre locataire
avant le terme; et au moyen de la garantie qui va
être donnée, ledit..... pourra enlever ses meubles
toutes fois et quantes.

Pour la plus grande sûreté du paiement de ladite
somme de » fr. » c., le sieur.... s'est rendu caution
solidaire avec le sieur.... en faveur de M...., auquel
il paiera, s'il ne le fait pas, lorsqu'il quittera les
lieux.

Ce fait sans déroger aux clauses du bail pour les
réparations auxquelles il est tenu.

Autre Formule.

Il a été convenu et arrêté ce qui suit :

Que ledit.... étant dans l'impossibilité de faire
valoir la ferme qu'il occupe, appartenant à..., qu'il
tient suivant bail, etc., il déclare, par le présent,
de sa pleine volonté, sans force ni contrainte, faire
remise et abandon de ladite ferme en faveur du
sieur...., lequel en est caution, pour, par lui, la
faire valoir à son profit, en acquittant le prix des
charges portées audit bail précité; n'exigeant, ledit...., aucune indemnité pour raison de la remise
envers ledit.... En conséquence, il pourra en jouir,
faire et disposer à son gré, etc.

Bail à Loyer de Meubles.

Entre les soussignés F... domicilié à ..., et M...,
demeurant à ...;

A été convenu et arrêté ce qui suit :

Que M. F..., donne à titre de loyer pour le temps
et espace de ... ans, qui ont commencé le ..., à courir du ..., et finiront à pareille époque en l'an ...,

A M. M..., acceptant et preneur pour le temps
sus exprimé,

Les effets mobiliers dont le détail va suivre et dont
M. M.... a l'usage depuis ledit jour ... de ce mois,
existant ces effets mobiliers dans la maison qu'il occupe comme locataire, rue ..., n° ...,

Une crémaillère, pelle, pincettes, deux chenets;
(les détailler exactement, en faire la désignation), ces
objets font partie de ceux qui ont été loués audit
sieur M..., par M. F.., suivant bail sous seing, fait
double à la date du ..., enregistré le ...,

Pour par le preneur user des choses ci-dessus détaillées en bon père de famille, à la charge de les rendre en bon état, lui ayant été livrées de même.

Ce contrat de louage est fait moyennant ... fr. de
loyer par an, payable tous les six mois; le premier
sera dû le ..., le deuxième le ..., pour ainsi continuer.

Fait et signé double, après lecture, à ..., le ...,
an ...

(Signatures des parties.)

CHAPITRE IX.

ACTES DE PRÊT.

Prêt avec gage et Antichrèse.

2085. L'antichrèse ne s'établit que par écrit. — Le créancier n'acquiert par ce contrat que la faculté de percevoir les fruits de l'immeuble, à la charge de les imputer annuellement sur les intérêts, s'il lui en est dû, et ensuite sur le capital de sa créance.

1874. Il y a deux sortes de prêts : — Celui des choses dont on peut user sans les détruire, — Et celui des choses qui se consomment par l'usage qu'on en fait. — La première espèce s'appelle *prêt à usage* ou *commodat,* — La deuxième s'appelle *prêt de consommation,* ou simplement *prêt.*

Antichrèse (du Gage en Immeuble).

Entre les soussignés (noms, prénoms, professions et domiciles des parties);

A été dit et arrêté ce qui suit :

Que M. Q.... est débiteur envers M. S... de la somme de » fr. » c., suivant acte sous seing privé, en date du...., devenue exigible dès le....; que

M. Q.... étant dans l'impossibilité, en ce moment, de s'acquitter de cette somme, demande qu'il lui soit accordé un nouveau délai, s'obligeant de payer, en plus, l'intérêt légal, à cinq du cent, jusqu'à acquittement; et, pour parvenir à libération, consent abandonner, à titre d'antichrèse, la jouissance des immeubles dont va être ci-après parlé.

M. S.... a accepté les propositions de M. Q...., auquel il accorde le délai de.... pour être payé de la susdite somme, avec l'intérêt légal.

En conséquence, M. Q.... cède dès à présent, comme il est dit, à titre d'antichrèse, la jouissance de.... pièces de terre lui appartenant, sises à...., la 1re...., la 2e...., etc., à M. S...., pour, par ce dernier, recevoir les revenus ou fermages desdits biens de M. C...., qui en est le fermier actuel, en donner quittance à mon lieu et place, à commencer par le plus prochain terme, qui écherra et sera dû le..., pour ainsi continuer jusqu'à l'entier acquittement de la somme de » fr. et l'intérêt.

Il est de convention que M. S.... paiera les contributions desdits biens, tant que durera l'antichrèse, sur ce qu'il recevra, et le surplus sera compensé ou sera à valoir sur la somme due.

Il est de convention expresse que si M. C... venait à quitter l'exploitation desdites terres avant que M. S.... se trouve rempli intégralement de la somme à lui due, M. Q.... donne, dès à présent, tous pouvoirs et autorisations à M. S.... de passer bail, aux mêmes prix, charges et conditions, à un autre fermier solvable, avec des sûretés. Dans le cas où il ne se présenterait pas de fermier, M. S.... fera donner un avertissement par huissier à M. Q.... pour qu'il avise au moyen de présenter un nouveau fermier dans le délai d'un mois.

Fait et signé double, après lecture, à...., le..., an....

(Faire les changemens selon les circonstances.)

Nota. L'antichrèse ne s'établit que par écrit. Le créancier n'acquiert, par ce contrat, que la perception des fruits de l'immeuble, à la charge de les imputer annuellement sur les intérêts, s'il en est dû, et ensuite sur le capital de sa créance. (*Art.* 2085 *Code civil.*)

Le créancier est tenu, s'il n'en est autrement convenu, de payer les contributions et les charges annuelles de l'immeuble qu'il tient en antichrèse.

Il doit également, sous peine de dommages et intérêts, pourvoir à l'entretien et aux réparations utiles et nécessaires de l'immeuble, sauf à prélever sur les fruits toutes les dépenses relatives à ces divers objets. (*Art.* 2086 *du même Code.*)

2087. Le débiteur ne peut, avant l'entier acquittement de la dette, réclamer la jouissance de l'immeuble qu'il a remis en antichrèse. — Mais le créancier qui veut se décharger des obligations exprimées en l'article précédent, peut toujours, à moins qu'il n'ait renoncé à ce droit, contraindre le débiteur à reprendre la jouissance de son immeuble.

2088. Le créancier ne devient point propriétaire de l'immeuble par le seul défaut de paiement au terme convenu; toute clause contraire est nulle : en ce cas, il peut poursuivre l'expropriation de son débiteur par les voies légales.

2089. Lorsque les parties ont stipulé que les fruits se compenseront avec les intérêts, ou totalement, ou jusqu'à une certaine concurrence, cette convention s'exécute comme toute autre qui n'est point prohibée par les lois.

2090. Les dispositions des articles 2077 et 2083 s'appliquent à l'antichrèse comme au gage.

2091. Tout ce qui est statué au présent chapitre ne préjudicie point aux droits que des tiers pourraient avoir sur le fonds de l'immeuble remis à titre d'antichrèse. — Si le créancier muni de ce titre a d'ailleurs, sur le fonds, des priviléges ou hypothèques légalement établis et conservés, il les exerce à son ordre et comme tout autre créancier.

Nantissement.

Le nantissement est un contrat par lequel un débiteur remet une chose à son créancier, pour sûreté de la dette. (*Art.* 2071, *Code civ.*)

Le nantissement d'une chose mobilière s'appelle *gage.*

Celui d'une chose immobilière s'appelle *antichrèse.*

Je soussigné (*noms, prénoms et domicile*), reconnais, par le présent, avoir donné à la possession et nantissement ès-mains de M. F.... les effets mobiliers dont le détail suit, savoir : (*en faire la désignation.*)

Tous lesquels objets sont en bon état. (*Expliquer s'il y a des marques distinctives.*)

Pour assurer garantie audit sieur F.... de la somme de » fr., qu'il a payée à mon acquit aux mains de M. V.... (*ou qu'il m'a prêtée cejourd'hui ou précédemment, en argent monnayé, *ou marchandises de.... qu'il m'a vendues et livrées*); laquelle somme je m'oblige rendre et payer le... prochain, à M. F..., à son domicile.

M. F... reconnaît également que M.... lui a remis les objets sus-désignés, pour les remettre, en cas de paiement, à l'époque susdite.

Il est de convention expresse que si M.... manque à rembourser la somme dont il s'agit, au jour fixé, M. F.... est autorisé, à l'expiration de ce délai, de faire ordonner en justice que les objets sus-mentionnés seront sa propriété, et pourra en disposer comme de choses à lui appartenant, consentant, moi...., en faire l'abandon, renonçant à l'inquiéter en aucune manière ; bien entendu que je me trouverai libéré envers M. F..., qui trouve suffisans les objets à lui donnés pour le remplir de sa créance et des frais à faire pour demeurer propriétaire desdits objets, d'après estimation faite entre nous.

De tout ce que dessus les parties sont convenues et demeurées d'accord.

Fait et signé double, après lecture, à...., le...., an....

(Signatures des parties.)

Obligation pour prêt et gage donné pour sûreté.

Entre les soussignés (*noms, professions et domiciles des personnes.*)

A été convenu et stipulé ce qui suit :

Que M. B..... reconnaît que M. C.... lui a prêté, à l'instant, en argent monnayé, la somme de » fr.

Ou reconnais devoir à M. C..., la somme de ... francs, qu'il m'a prêtée précédemment, en plusieurs fois et d'après compte arrêté.

Laquelle somme je m'oblige rendre et payer le ... prochain, sans intérêt, aux mains et domicile de M. C...

Et pour assurer le remboursement de ladite somme, M. B... a remis et confié à M. C..., qui le reconnait, les objets mobiliers consistant en ... (*les désigner et en faire l'évaluation, estimation par approxi-mation, article par article*).

M. C... déclare que les objets mobiliers (*ou effets et marchandises*) sont présentement en sa posses-sion, pourquoi il s'oblige à les remettre à M. B.., si la susdite somme est acquittée à l'échéance susdite, avec le présent dont il lui sera donné décharge.

Il est de convention expresse, sans laquelle le prêt n'eût pas été fait, que faute par M. B... de se libérer de ladite somme de ..., à l'époque d'exigibilité, sur la sommation qui lui sera faite, il consent que M. C... fasse vendre aux enchères, par huissier ou commissaire-priseur qu'il lui plaira de choisir, et sans autre for-malité de justice, les objets sus-mentionnés, pour le prix en provenant être remis à M. C... jusqu'à con-currence de son dû , les frais prélevés. Bien entendu que M. B... se trouvera alors libéré de son obligation qui lui sera immédiatement remise, et en cas d'insuffi-sance il sera tenu de payer l'excédant, comme aussi, si le produit de ladite vente excède le montant de l'obligation et les frais, M. B... aura le droit de le recevoir à son profit. A l'effet de ce que dessus, ce dernier donne dès à présent tout pouvoir nécessaire à M. C..., qui sera tenu d'avertir, par acte extra-judiciaire, M. B... de se trouver à ladite vente, pour la conservation de ses intérêts, laquelle aura lieu en son absence comme en sa présence; à défaut de paiement renonçant à y former opposition ni y mettre obstacle en manière quelconque.

Fait double et signé, après lecture, à ..., le ..., an ...

CHAPITRE X.

ACTES DE DÉPOT.

*Du Dépôt volontaire, nécessaire, et du Se-
questre.*

Reconnaissance de dépôt d'argent.

Je soussigné..., domicilié à..., déclare et reconnais que M. V..., demeurant à..., rue..., m'a confié et remis à titre de dépôt la somme de... en or et argent monnayés au cours de ce jour, en pièces d...., pour la reprendre et retirer de mes mains quand bon lui semblera, m'obligeant à la lui remettre à sa volonté, sans rétribution de salaire ou frais de garde.

A..., le..., an...

Du Dépôt nécessaire.

Le dépôt est celui qui est forcé par quelque acci-
dent, tel qu'un incendie, une ruine, un pillage, un
naufrage ou autre événement imprévu.

Reconnaissance de Dépôt en cas d'événement.

Je soussigné..., domicilié à..., déclare, par le présent, que M. F..., demeurant à..., vu la position où
il se trouve par l'effet de (*citer l'événement*) aujourd'hui, m'a fait le dépôt de confiance des meubles et objets mobiliers et marchandises lui appartenant, consistant en...(*faire le détail et l'estimation
par approximation pour éviter que l'on ne demande des objets d'une valeur plus considérable*)
lesquels objets ont été déposés dans une chambre de
mon domicile sus-indiqué, pour par M. F... les reprendre à sa volonté, toutes fois et quand bon lui semblera,
sans aucune indemnité ni rétribution jusqu'à (*citer
l'époque*), et passé ce temps à raison de... par mois ;
m'obligeant à les lui remettre à sa première réquisition ou demande, en me remettant le présent déchargé. A..., le..., an...

Sequestre conventionnel.

Entre les soussignés (*noms, professions et domiciles*),
A été arrêté ce qui suit :
Que M. A... a expédié et fait l'envoi à M. B... de
la quantité de... pièces de vin (*ou marchandises
de...*) arrivées à la destination de... ;

Que M. B... a refusé de recevoir ces marchandises, sur le motif de (*expliquer les causes*).

Que M. A... a intenté action à M. B... pour le forcer à prendre livraison desdites marchandises, dont l'instance est pendant au tribunal d...

Dans cette circonstance, lesdits dénommés ont consenti réciproquement que les marchandises sus-désignées soient sequestrées dans les magasins de M. F..., à..., qui accepte, où elles resteront jusqu'à ce qu'il ait été statué sur la contestation qui les divise, soit par arbitre, ou par le tribunal.

Il est de convention que les marchandises ne pourront être retirées qu'après la décision et l'autorisation ou consentement, à peine de payer la somme de » fr. à titre de dommages-intérêts contre celui qui y dérogera, sauf les formalités ci-dessus indiquées.

Fait et signé triple, après lecture, à..., le..., an...

(*Signatures des vendeurs, acheteurs et du sequestre.*)

CHAPITRE IX.

MANDAT OU PROCURATIONS.

De sa Nature et de sa Forme.

Le mandat ou procuration est un acte par lequel une personne donne à une autre le pouvoir de faire quelque chose pour le mandant et en son nom. — Le contrat ne se forme que par l'acceptation du mandataire. (*Art.* 1984 *Cod. Civ.*)

1985. Le mandat peut être donné ou par acte public, ou par écrit sous seing privé, même par lettre. Il peut aussi être donné verbalement; mais la preuve testimoniale n'en est reçue que conformément au titre *des Contrats ou des Obligations conventionnelles en général.*

L'acceptation du mandat peut n'être que tacite, et résulter de l'exécution qui lui a été donnée par le mandataire.

1986. Le mandat est gratuit, s'il n'y a convention contraire.

1987. Il est ou spécial et pour une affaire ou certaines affaires seulement, ou général et pour toutes les affaires du mandant.

1988. Le mandat conçu en termes généraux n'embrasse que les actes d'administration.

8*

S'il s'agit d'aliéner ou hypothéquer, ou de quelque autre acte de propriété, le mandat doit être exprès.

1989. Le mandataire ne peut rien faire au-delà de ce qui est porté dans son mandat : le pouvoir de transiger ne renferme pas celui de compromettre.

1990. Les femmes et les mineurs émancipés peuvent être choisis pour mandataires ; mais le mandant n'a d'action contre le mandataire mineur que d'après les règles générales relatives aux obligations des mineurs, et contre la femme mariée et qui a accepté le mandat sans autorisation de son mari, que d'après les règles établies au titre *du Contrat de mariage et des Droits respectifs des époux.*

1991. Le mandataire est tenu d'accomplir le mandat tant qu'il en demeure chargé, et répond des dommages et intérêts qui pourraient résulter de son inexécution.

Il est tenu de même d'achever la chose commencée au décès du mandant, s'il y a péril en la demeure.

1992. Le mandataire répond non-seulement du dol, mais encore des fautes qu'il commet dans sa gestion.

Néanmoins la responsablité relative aux fautes est appliquée moins rigoureusement à celui dont le mandat est gratuit qu'à celui qui reçoit un salaire.

1993. Tout mandataire est tenu de rendre compte de sa gestion, et de faire raison au mandant de tout ce qu'il a reçu en vertu de sa procuration, quand même ce qu'il aurait reçu n'eût point été dû au mandant.

1994. Le mandataire répond de celui qu'il s'est substitué dans sa gestion, 1° quand il n'a pas reçu ce pouvoir de se substituer quelqu'un ; 2° quand eu pouvoir lui a été conféré sans désignation d'une personne, et que celle dont il a fait choix était notoirement incapable ou insolvable.

Dans tous les cas, le mandant peut agir directement contre la personne que le mandataire s'est substituée.

1995. Quand il y a plusieurs fondés de pouvoir ou mandataires établis par le même acte, il n'y a de solidarité entre eux qu'autant qu'elle est exprimée.

1996. Le mandataire doit l'intérêt des sommes qu'il a employées à son usage, à dater de cet emploi; et de celles dont il est reliquataire, à compter du jour qu'il est mis en demeure.

1997. Le mandataire qui a donné à la partie avec laquelle il contracte en cette qualité, une suffisante connaissance de ses pouvoirs, n'est tenu d'aucune garantie pour ce qui a été fait au-delà, s'il ne s'y est personnellement soumis.

1998. Le mandant est tenu d'exécuter les engagemens contractés par le mandataire, conformément au pouvoir qui lui a été donné.

Il n'est tenu de ce qui a pu être fait au-delà, qu'autant qu'il l'a ratifié expressément ou tacitement.

1999. Le mandant doit rembourser au mandataire les avances et frais que celui-ci a faits pour l'exécution du mandat, et lui payer ses salaires lorsqu'il en a été promis.

S'il n'y a aucune faute imputable au mandataire, le mandant ne peut se dispenser de faire ces remboursement et paiement, lors même que l'affaire n'aurait pas réussi, ni faire réduire le montant des frais et avances, sous le prétexte qu'ils pouvaient être moindres.

2000. Le mandant doit aussi indemniser le mandataire des pertes que celui-ci a essuyées à l'occasion de sa gestion, sans imprudence qui lui soit imputable.

2001. L'intérêt des avances faites par le mandataire lui est dû par le mandant, à dater du jour des avances constatées.

2002. Lorsque le mandataire a été constitué par plusieurs personnes pour une affaire commune, chacune d'elles est tenue solidairement envers lui de tout les effet du mandat.

2003. Le mandat finit,

Par la révocation du mandataire,

Par la renonciation de celui-ci au mandat,

Par la mort naturelle ou civile, l'interdiction ou la déconfiture, soit du mandant, soit du mandataire.

2004. Le mandant peut révoquer sa procuration quand bon lui semble, et contraindre, s'il y a lieu, le mandataire à lui remettre, soit l'écrit sous seing privé qui la contient, soit l'original de la procuration, si elle a été délivrée en brevet, soit l'expédition, s'il en a été gardé minute.

2005. La révocation notifiée au seul mandataire ne peut être opposée aux tiers qui ont traité dans l'ignorance de cette révocation, sauf au mandant son recours contre le mandataire.

2006. La constitution d'un nouveau mandataire pour la même affaire, vaut révocation du premier, à compter du jour où elle a été notifiée à celui-ci.

2007. Le mandataire peut renoncer au mandat, en notifiant au mandant sa renonciation.

Néanmoins, si cette renonciation préjudicie au mandant, il devra en être indemnisé par le mandataire, à moins que celui-ci ne se trouve dans l'impossibilité de continuer le mandat sans en éprouver lui-même un préjudice considérable.

2008. Si le mandataire ignore la mort du mandant, ou l'une des autres causes qui font cesser le mandat, ce qu'il a fait dans cette ignorance est valide.

2009. Dans les cas ci-dessus, les engagemens du mandataire sont exécutés à l'égard des tiers qui sont de bonne foi..

2010. En cas de mort du mandataire, ses héritiers doivent en donner avis au mandant, et pourvoir, en attendant, à ce que les circonstances exigent pour l'intérêt de celui-ci.

Pouvoir pour comparaître en Conciliation.

53. *Code de P. civ.* Les parties comparaîtront en personne; en cas d'empêchement, par un fondé de pouvoir.

Je soussigné ..., domicilié à ..., donne pouvoir au sieur ... (*profession et demeure*) de, pour moi et en mon nom, se présenter le ..., devant M. le juge de paix d..., au lieu ordinaire de ses audiences, en bureau de conciliation, sur l'action qui m'a été intentée, par le sieur ...(ou que j'ai intentée au sieur ..), par exploit du ministère d...., en date du ..., pour se concilier si faire se peut; a cet effet, accorder délais, recevoir, donner quittance, traiter, composer, compromettre, transiger, passer et signer tous actes, faire tous dires, soutiens, réserves et protestations que les circonstances exigeront; à défaut de conciliation, demander le renvoi devant les juges compétens, requérir par suite les actes nécessaires pour continuer ladite action, en suivre les fins, constituer avoués, élire avocats ; enfin faire tout ce qui sera utile dans mes intérêts.

Donné à ..., le ..., an ...

Pouvoir pour comparaître devant le Juge de Paix.

9. *C. de Proc.* Au jour fixé par la citation, ou convenu entre les parties, elles comparaîtront en personne ou par leurs fondés de pouvoir, sans qu'elles puissent faire signifier aucune défense.

13. Les parties ou leurs fondés de pouvoir seront entendus contradictoirement. La cause sera jugée sur-le-champ, ou à la première audience ; le juge, s'il le croit nécessaire, se fera remettre les pièces.

Je soussigné ..., domicilié à ..., donne pouvoir à M. ... (profession et demeure), de, pour moi et en mon nom, se présenter à l'audience de la justice de paix d..., sur l'action qui sera intentée à ma requête contre le sieur ..., demeurant à ..., aux fins d'obtenir le paiement de la somme de ... fr., pour, (expliquer les causes de la demande). En conséquence, conclure, plaider, fournir tous moyens valables, accorder délais, recevoir, donner quittance, composer, transiger, passer et signer tous actes, obtenir jugement, le faire expédier et mettre à exécution, former toutes saisies-arrêts et opposition, faire procéder à toutes saisies mobilières, consentir et donner mainlevée entière et définitive; élire domicile, appeler de tout jugement, y acquiescer, constituer avoués et avocats, les révoquer, comparaître à toutes assemblées de créanciers, promettant entière adhésion et agréant à l'avance ce qui sera fait.

Donné à ..., le ..., an ...

(*Signature du mandant.*)

Nota. Si le mandant n'écrit pas lui-même le pouvoir, il met à la suite, lu et approuvé, avant d'apposer sa signature.

Il faut avoir soin d'indiquer la personne à laquelle le pouvoir est donné, et ne pas le donner en blanc, parce qu'on pourrait en abuser.

Pouvoir à donner à un huissier ou à un garde du Commerce, pour mettre à exécution la Contrainte par Corps.

556. La remise de l'acte ou du jugement à l'huissier vaudra pouvoir pour toutes exécutions autres que la saisie immobilière et l'emprisonnement, pour lesquels il sera besoin d'un pouvoir spécial. (*C de p. c.*)

Je soussigné..., domicilié à....,donne, par le présent, plein et entier pouvoir à M. ...,

De poursuivre, et en mon nom, mettre à exécution par la voie de la contrainte par corps le jugement que j'ai obtenu contre le sieur ..., demeurant à ..., devant le tribunal de commerce d..., le ..., duement expédié, enregistré en forme; en conséquence, capturer, emprisonner, écrouer ou recommander ce débiteur dans toutes prisons où besoin sera, consigner des alimens et faire toutes avances nécessaires, recevoir tout ou partie de ce que doit ce débiteur, lui en donner quittance, et généralement faire ce qui sera utile pour obtenir le recouvrement de ce qui m'est dû par e sieur ..., en principal, intérêts et frais, promettant l'avouer et avoir pour agréable.

Fait et donné à ..., le... an ...,

Nota. Faire légaliser la signature si le pouvoir est envoyé et que le mandant réside hors le département où les poursuites se dirigent.

Pouvoir pour se faire représenter à une faillite.

502. Tous les créanciers du failli seront avertis, à cet effet, par les papiers publics et par lettres des syndics, de se présenter, dans le délai de quarante jours, par eux ou par leurs fondés de pouvoir, aux syndics de la faillite ; de leur déclarer à quel titre et pour quelle somme ils sont créanciers, et de leur remettre leurs titres de créance, ou de les déposer au greffe du tribunal de commerce. Il leur en sera donné récépissé.   (*Code de comm.*)

503. La vérification des créances sera faite contradictoirement entre le créancier ou son fondé de pouvoir et les syndics, et en présence du juge-commissaire, qui en dressera procès-verbal. Cette opération aura lieu dans les quinze jours qui suivront le délai fixé par l'article précédent.

Je soussigné ..., donne pouvoir à M. ..., de, pour moi et en mon nom, me représenter à la faillite du sieur .., débiteur de la somme de ...;

En conséquence, requérir toutes opposition, reconnaissance, et levée de scellés ; procéder à tous inventaires et récolemens; faire en procédant tous dires, réquisitions et réserves; concourir à la formation de la liste de présentation de candidats pour le syndicat provisoire ; faire révoquer, s'il y a lieu', les syndics nommés; faire vérifier ma créance, en affirmer la sincérité, comme je l'affirme par ce présent pouvoir ; comme aussi que je ne prête mon nom ni directement ni indirectement à qui que se soit; vérifier, admettre ou rejeter tous titres produits par les autres créanciers, en constater la validité, se faire rendre compte de l'état de ladite faillite, prendre part à toutes les délibérations de créanciers. consentir toutes remises, accorder termes et délai; traiter, transiger, composer, à cet effet signer tous actes, tous concordats ou arrangemens particuliers, d'y opposer même par les voies extraordinaires; former tous contrats d'union à la majorité, nommer tous les syndics définitifs, caissier et gérant, les révoquer s'il y a lieu, et en nommer d'autres ; remettre ou retirer tous titres et pièces; toucher toute dividende, en donner quittance; passer et signer tous actes, élire domicile, changer les élections, substituer, et généralement faire ce qui sera nécessaire , quoique non prévu en cas présent, promettant l'avouer.

Fait, etc.

Procuration pour recevoir des Arrérages de Rentes, etc.

Je soussigné (*noms, prénoms, profession et domicile*), donne pouvoir à (*ibid.*) que je constitue mon procureur général et spécial, de, pour moi et en mon nom, recevoir les arrérages de la rente de ..fr. payable le ... de chaque année, qui a été constituée à mon profit par le sieur F..., qui en est le débiteur, par acte passé devant Me ..., notaire à ..., le ... (*ou suivant acte sous seing privé*), fait double le ..., enregistré à ..., le ..., par M... receveur qui a reçu ...fr.; en conséquence toucher lesdits arrérages échus et à échoirs, en donner quittance; à défaut de paiement faire diriger toutes poursuites, le traduire en justice devant tous tribunaux, obtenir jugement, requérir expédition, plaider, élire domicile, faire conduire toutes saisies-arrêts et opposition, saisies mobilières, en donner main-levée, constituer avoués et avocats, les renvoyer, en constituer d'autres, opposer, appeler, transiger, et faire enfin ce que je ferais moi-même, promettant d'agréer tout ce qu'il pourra faire pour le recouvrement de ma créance.

Donné à ..., le ..., an ...

Autre Formule pour faire Reconnaître une Rente et passer Titre nouvel.

(*Même intitulé que la précédente*) se présenter devant tel notaire qu'il lui plaira de choisir, aux fins d'y faire reconnaître une rente de la somme de fr. ... à l'échéance du ... de chaque année, due par ... à mon profit (*ou envers ...*) : le tout conformément au titre constitutif d'icelle rente passé devant Me ..., notaire à ..., le ...; à cet effet faire passer titre nouvel et reconnaissance et faire payer tous arrérages dus, et généralement faire tout ce que la circonstance nécessite, requérir défaut de non comparution, continuer les poursuites pour obtenir jugement à l'effet d'obtenir ledit titre nouvel, louant, approuvant, agréant et ratifiant tout ce que ledit procureur constitué fera en notre nom, fût-il question de chose non exprimée en la présente. Donné à ..., le ..., an...

Autre Formule pour faire Rendre compte à un Tuteur.

(*Même intitulé que la précédente*) pour faire rendre compte à M. ..., demeurant à ..., mon tuteur, à l'amiable si faire se peut, sinon en justice, suivre les formalités que la loi indique aux fins de sa gestion et administration qu'il a eue des biens de la succession de ... (*mon père ou autre parens*), débattre s'il y a lieu ledit compte et l'arrêter, recevoir ce qui sera dû, en donner quittance et décharge valable, passer et signer tous actes; à défaut de reddition de compte et du paiement du reliquat, faire exercer toutes poursuites que la loi autorise, pour y contraindre mon tuteur, promettant avoir le tout pour agréable.

Donné à..., le..., an...

Procuration générale.

Je soussigné..., demeurant ordinairement à ..., constitue, par le présent, mon procureur général et spécial le sieur ..., ce acceptant et aussi soussigné ;

De, pour moi, en mon nom, en ma présence comme en mon absence, toucher et recevoir de tous mes fermiers, locataires, rentiers et débiteurs, les fermages, arrérages et sommes qui pourront m'être dues à l'avenir, et même les années arriérées qu'ils pourraient me devoir; et, à cet effet, compter et régler avec eux, et leur délivrer toutes reconnaissances, quittances, récépissés utiles et nécessaires; de renouveler à une ou plusieurs personnes, et toutes autres que celles qui en jouissent actuellement, les baux de tous les biens à moi appartenant, soit en propriété ou en usufruit, pour un espace de temps qui ne pourra excéder neuf années, quant aux biens qui m'appartiennent en usufruit, et pour douze années quant à ceux qui m'appartiennent en propriété; mais il ne pourra faire ces nouveaux baux que dans le cas où les locataires ou fermiers actuels seraient dans les trois dernières années de leur jouissance, et les prix de ces nouveaux baux ne pourront être moindres que ceux des anciens; il pourra en augmenter les charges et accessoires, et même les diminuer eu les supprimer en tout ou en partie; il pourra aussi poursuivre mes locataires ou fermiers, à raison de réparations, détériorations, dessaisonnement, etc.

De faire renouveler et revalider tous les contrats des rentes actives qui m'appartiennent soit en propriété, soit en usufruit, toutes les fois que les époques de ces revalidations arriveront, même de poursuivre en justice mes débiteurs de rentes dont les contrats se trouveraient prescrits, lorsque ces débiteurs de rentes se refuseront, soit au paiement des arrérages, soit à la reconnaissance du titre, et lorsque ledit ... croira pouvoir prouver que lesdites rentes auront été servies depuis quarante ans.

De toucher les capitaux des rentes qui m'appartiennent en propriété, et d'en passer acte de franchissement pour le prix dont il conviendra avec les débiteurs, pourvu qu'il ne soit pas inférieur aux trois cinquièmes du capital constitué.

De payer les arrérages des diverses rentes auxquelles je suis assujéti, de les reconnaître lorsqu'il les croira susceptibles d'être renouvelées, de payer aussi les sommes dont je pourrais me trouver débiteur à tous autres titres, lorsqu'on lui justifiera d'obligations, reconnaissances ou mandats signés de moi-même ; de payer sur simple mémoire le prix de diverses denrées et toutes autres fournitures pour les besoins de ma maison.

A l'effet de tout ce que dessus, ledit sieur ... pourra arrêter et signer tout acte, me représenter en tous bureaux de justice de paix et même en tribunaux de première instance ; il pourra aussi requérir et exiger de tous huissiers, avoués, notaires, ou autres fonctionnaires publics, et de toutes autres personnes, la remise de tous titres, pièces et mémoires à moi appartenant, ou l'expédition de tous actes auxquels j'aurais droit ; il en pourra donner tout récépissé et décharge, régler et payer tous frais, honoraires et vacations ; à l'effet aussi de tout ce que dessus, j'autorise ledit sieur ... d'intenter toutes actions devant les tribunaux compétens, requérir et signer tous dires, soutiens, reconnaissances, méconnaissances, actes utiles et nécessaires, contrats, toutes pièces directes ou contraires, faire toutes enquêtes, constituer tous avoués et avocats, les révoquer, en constituer d'autres, appeler, opposer, intenter, etc. ; faire juger toutes actions possessoires, pétitoires, faire toutes saisies-arrêts, oppositions immédiates, d'intervention et autres, ou y défendre, faire exercer toutes saisies-brandon, d'exécution, immobilières, expropriation, et toutes revendications, en suivre l'effet jusqu'à concurence de ce qu'il me croira dû en principal, intérêts et frais, même de transiger pour les prix, clauses et conditions qu'il croira convenables, compromettre et convenir d'experts ou d'arbitres pour opérer ou juger régulièrement ou comme amiable compositeur, les révoquer, prendre toutes inscriptions hypothécaires, ou consentir la radiation ou restriction même de toutes celles qui ont été prises jusqu'à ce jour en mon nom, ou de s'opposer à ce qu'elles soient radiées, réduites ou restreintes, et encore, en ce cas, de plaider, compromettre ou transiger, promettant avoir pour agréable et ratifier dès à présent tout ce que ledit sieur ... fera pour moi en vertu du pouvoir ci-dessus, ainsi que de l'indemniser de tout ce qu'il pourra avoir déboursé pour moi-même, de tous frais, voyages et vacations sur les seuls mémoires qu'il me représentera. Toutes les fois que je délivrerai audit sieur.... des titres, actes et papiers relatifs aux pouvoirs ci-dessus, il m'en donnera récépissé : je promets même de passser le présent devant notaire à la première réquisition dudit sieur .... et à lui en remettre une expédition.

Fait double et signé, après lecture faite, à..., ce... an....

Procuration.

Je soussigné (*remplir avec soin les noms, prénoms et demeure de la partie, observant qu'une femme mariée doit être autorisée de son mari, et en cas de minorité d'enfans*, c'est au tuteur à donner le *pouvoir*), en révoquant les pouvoirs que je pourrais avoir donnés antérieurement au présent, donne pouvoir à M.., demeurant à.., rue..., n° ..., de. pour moi et en mon nom, suivre, gérer et administrer mes biens et affaires, et notamment (*désigner ici l'affaire dont on chargera*), se présenter devant toutes administrations, tribunaux et bureaux, officiers ministériels, agens, comptables et dépositaires, à l'effet de prendre connaissance des titres, pièces, notes et renseignemens que mon procureur constitué croira nécessaires à mes intérêts; se faire délivrer par tous dépositaires, copies et expéditions de tous actes administratifs ou judiciaires, procéder aux liquidations et divisions de toutes successions, rentes sur l'état et sur particuliers, faire à cet égard toutes déclarations et affirmations nécessaires d'après les usages et les lois;

Retirer des mains de qui il appartiendra, tous titres et pièces, lettres d'avis, inscriptions et promesses d'inscriptions, en donner acquits et décharges valables;

Faire rendre tous comptes, les débattre, clore, arrêter et fixer le reliquat, le recevoir ou le payer;

Assister, et être présent à toutes assemblées de famille et de créanciers, y stipuler les intérêts du représenté, consentir à toutes réductions et remises, procéder à toutes contributions, ordres ou distributions de deniers, affirmer la sincérité de toutes créances, et que je ne prête mon nom directement ni indirectement à qui que ce soit.

A l'effet de ce que dessus, recevoir les arrérages échus et à écheoirs de toutes rentes perpétuelles, viagères et pensions, même tous loyers de maison et fermages, ainsi que les remboursemens offerts ou exigibles de toutes rentes, sommes mobilières et immobilières en capitaux, intérêts et frais à moi dus par le gouvernement ou par des particuliers, pour telle cause que ce soit, comme aussi les vendre, céder et transférer de gré à gré ou au cours de la place, même à perte de finance; de tous reçus, donner quittance et décharges valables;

Poursuivre par les voies de droit, tous débiteurs, citer, se concilier, obtenir contre eux jugemens et arrêts définitifs; plaider, opposer, appeler, élire domicile, constituer avoués et défenseurs officieux, les révoquer, en nommer d'autres, choisir tous experts, arbitres et tiers-arbitres, leur conférer les pouvoirs nécessaires à leur mission, former toutes saisies, arrêts, oppositions et inscriptions hypothécaires, en donner main-levée et en consentir la radiation, même de celles formées antérieurement au présent; changer l'élection de domicile desdites inscriptions;

Traiter, transiger, composer, consentir toutes mentions et subrogations, émarger tous registres, signer tous actes, subfituer procureur, et généralement faire ce que les cas requerront, promettant rembourser les salaires et déboursés dus au procureur constitué.

Fait à..., le..., an... (*Ce pouvoir sera entièrement écrit et signé de la main de la partie, ou seulement approuvé et signé par elle.*)

Nota. Ne pas oublier de faire légaliser la signature de la partie par le maire, et viser celle-ci (*Dans les communes au-dessous de dix mille habitans*) par le préfet ou le sous-préfet. Pour l'étranger suivre les usages locaux.

Pouvoir spécial en matière de commerce.

(*Art.* 421 du C. de P. c., Ord. du 10 *mars* 1825·)

Je soussigné..., domicilié à ... , donne pouvoir par le présent à M ...,

De pour moi et en mon nom se présenter au tribunal de commerce de..., pour soutenir les fins de la citation que j'ai fait donner au sieur..., plaider, conclure, opposer, élire domicile, obtenir jugement, faire valoir tous moyens à l'appui de ma demande, et généralement faire pour mes intérêts tout ce qui sera nécessaire.

A..., le..., an...,

Nota. Lorsque le pouvoir est donné sur l'exploit, le faire de la manière ci-après:

Je soussigné donne pouvoir à M..., pour moi, et en mon, nom se présenter sur l'action ci-dessus, conclure et obtenir jugement à l'occasion des demandes qui y sont formées.

A..., le..., an...,

Nota. Faire enregistrer le pouvoir avant l'audience. Ce pouvoir n'est donné par la partie que lorsqu'elle ne veut point se présenter elle-même, ainsi qu'elle y est autorisée par l'art. 421 de Code de Procédure civile.

CHAPITRE XII.

ACTES DE CAUTIONNEMENS.

Obligations simples avec caution, et des Cautions solidaires.

Art. 2011. *Code civ.* Celui qui se rend caution d'une obligation, se soumet envers le créancier à satisfaire à cette obligation, si le débiteur n'y satisfait pas lui-même.

2012. Le cautionnement ne peut exister que sur une obligation valable. — On peut néanmoins cautionner une obligation, encore qu'elle pût être annullée par une exception purement personnelle à l'obligé ; par exemple, dans le cas de minorité.

2013. Le cautionnement ne peut excéder ce qui est dû par le débiteur, ni être contracté sous des conditions plus onéreuses. Il peut être contracté pour une partie de la dette seulement, et sous des conditions moins onéreuses. — Le cautionnement qui excède la dette, ou qui est contracté sous des conditions plus onéreuses, n'est point nul : il est seulement réductible à la mesure de l'obligation principale.

Entre nous (*noms, prénoms, professions et do-miciles des parties*) soussignés,

Il a été arrêté ce qui suit :

Que M. H.... a précédemment (*ou cejour-d'hui*) prêté en argent la somme de... à M. C..., qui reconnaît la devoir l'ayant en sa possession (*ou que ce dernier reconnaît devoir d'après compte exercé entre eux de toutes sommes prêtées précé-demment, ou pour marchandises qu'il a fournies et livrées à différentes époques, enfin toute autre cause*), laquelle somme, M. C..., s'oblige de rendre et payer le... prochain, aux mains et domicile de M. H..., sans intérêt (*ou avec l'intérêt légal de cinq pour cent par an, au prorata du temps à courir, ou six du cent par an, si c'est pour prêt fait à un commerçant*).

(Si le remboursement se fait partiellement à plu-sieurs échéances, il faut dire), laquelle somme je m'oblige rendre et payer à M. H..., en trois ter-mes et paiemens égaux, le premier desquels sera dû et exigible le... prochain; le deuxième, le...; le troisième et dernier, le..., sous la caution ci-après :

Au présent est intervenu M. Q..., domicilié à..., lequel, après avoir pris connaissance du prêt et de la convention ci-dessus énoncés, a déclaré se rendre caution de M. C..., et s'est obligé personnellement de payer ladite somme de... aux époques sus-fixées, dans le cas où M. C... ne paierait pas exactement après une mise en demeure, c'est-à-dire une simple sommation de payer, renonçant au bénéfice de dis-cussion.

Fait triple et signé, après lecture, à..., le...

Nota. Les parties qui n'écrivent pas elles-mêmes

les actes doivent mettre, avant de signer, *bon* ou *approuvé* : c'est le vœu de l'art 1326 du Code civil.

Il ne pas faut omettre d'inscrire le mot *discussion* parce que la caution se refuserait au paiement jusqu'à ce que le débiteur principal ait été discuté, c'est-à-dire poursuivi et exécuté dans ses biens, et justifier qu'il est dans l'impossibilité de payer.

Cette formule d'obligation peut servir pour les cautions solidaires, dans ce cas il faut ajouter :

A ce étaient présens MM..., lesquels ont déclaré se rendre caution, et répondant un d'eux seul pour le tout, conjointement et solidairement avec M..., envers M..., pour la somme de... fr. etc., payable aux époques susdites. *Ou* le..., renonçant au bénéfice de division et discussion dans le cas où M,.. ne paierait par lui-même exactement ladite somme aux échéances.

Les mineurs, les interdits et les femmes mariées ne peuvent être présentés pour caution : ils n'ont pas la capacité de contracter.

Lorsque plusieurs personnes ont cautionné un même débiteur pour une même dette, la caution qui a acquitté la dette a recours contre les autres cautions, chacune pour sa part et portion. (*Article* 2033 *du Code civil.*)

CHAPITRE XIII.

TRANSACTIONS.

Des Transactions.

Art. 2044. *Code civ.* La transaction est un contrat par lequel les parties terminent une contestation née, ou préviennent une contestation à naître. Ce contrat doit être rédigé par écrit.

2045. Pour transiger, il faut avoir la capacité de disposer des objets compris dans la transaction.

2046. On peut transiger sur l'intérêt civil qui résulte d'un délit.

La transaction n'empêche pas la poursuite du ministère public.

2047. On peut ajouter à une transaction la stipulation d'une peine contre celui qui manquera de l'exécuter.

2048. Les transactions se renferment dans leur objet : la renonciation qui y est faite à tous droits, actions et prétentions, ne s'entend que de ce qui est relatif au différend qui y a donné lieu.

2049. Les transactions ne règlent que les différens qui s'y trouvent compris, soit que les parties aient manifesté leur intention par des expressions spéciales ou générales, soit que l'on reconnaisse cette intention par une suite nécessaire de ce qui est exprimé.

2050. Si celui qui avait transigé sur un droit qu'il avait de son chef, acquiert ensuite un droit semblable du chef d'une autre personne, il n'est point, quant'au droit nouvellement acquis, lié par la transaction antérieure.

2051. La transaction faite par l'un des intéressés ne lie point les autres intéressés, et ne peut être opposée par eux.

2052. Les transactions ont, entre les parties, l'autorité de la chose jugée en dernier ressort. — Elle ne peuvent être attaquées pour cause d'erreur de droit, ni pour cause de lésion.

2053. Néanmoins une transaction peut être rescindée, lorsqu'il y a erreur dans la personne ou sur l'objet de la contestation. — Elle peut l'être dans les cas où il y a dol ou violence.

2054. Il y a également lieu à l'action en rescision contre une transaction, lorsqu'elle a été faite en exécution d'un titre nul, à moins que les parties n'aient expressément traité sur la nullité.

2055. La transaction faite sur pièces qui depuis ont été reconnues fausses, est entièrement nulle.

2056. La transaction sur un procès terminé par un jugement passé en force de chose jugée, dont les parties ou l'une d'elles n'avaient point connaissance, est nulle. — Si le jugement ignoré des parties était susceptible d'appel, la transaction sera valable.

2057. Lorsque les parties ont transigé généralement sur toutes les affaires qu'elles pouvaient avoir ensemble, les titres qui leur étaient alors inconnus et qui auraient été postérieurement découverts, ne sont point une cause de rescision, à moins qu'il n'aient été retenus par le fait de l'une des parties ;
— Mais la transaction serait nulle si elle n'avait qu'un objet sur lequel il serait constaté, par des titres nouvellement découverts, que l'une des parties n'avait aucun droit.

2058. L'erreur de calcul dans une transaction doit être réparée.

Transaction sur Procès portant règlement de compte réciproque.

L'an..., le..., entre les soussignés M... et B..., domiciliés à...,

A été convenu et arrêté ce qui suit :

Les parties préalablement prévenues de la rigueur des lois, qui n'admettent aucun pourvoi des transactions sur procès que pour terminer le procès pendant et indécis au tribunal d..., par suite de l'action intentée à la requête du sieur M... au sieur B..., par exploit du sieur D..., huissier, à..., en date du..., sur laquelle il y a eu constitution d'avoué (si l'action est pendante devant un tribunal de première instance).

Les sieurs M... et B... ont consenti à un exercice de compte entre eux ; en effet, ils ont exercé un compte général de ce qu'ils se sont fournis réciproquement, ainsi que des envois de fonds, sommes payées de part et d'autre, soit à eux-mêmes, ou à divers pour leurs comptes; enfin, compte a aussi été fait des divers billets qu'ils se sont réciproquement faits, ainsi que des escomptes, frais de justice et autres: il en est résulté que le sieur B... est débiteur envers le sieur M... de la somme de... fr. ...c., pour raison de laquelle il a donné au sieur M..., cejourd'hui, une délégation de pareille somme à prendre et recevoir sur le sieur G..., demeurant à..., sur plus forte somme à lui due par ce dernier; ladite délégation donnée sans garantie de la part du sieur M..., sinon que la somme lui est due légitimement, et à ses réserves de poursuivre le sieur G..... pour le surplus de ce qu'il lui doit.

En conséquence, les sieurs M... et B... renoncent à se rien demander pour raison de leurs comptes respectifs, ainsi que des billets qu'ils se sont réciproquement faits, lesquels, au moyen de la présente transaction, sont et demeurent anéantis et de nul effet, ledit compte étant pour solde.

Il est convenu, que le cas où il se trouverait quelques billets en main tierce, soit du sieur M..., au profit du sieur B..., soit de ce dernier au profit du sieur M..., ils s'en portent réciproquement garantie comme chacun d'eux n'en sera jamais inquiété ni recherché.

Les parties se sont réciproquement remis les billets et pièces chacune en ce qui la concernait comme quittes et vides d'effet.

Le sieur M... déclare, par le présent, donner, comme en effet il donne, main-levée pure et simple et définitive de toutes saisies-arrêts et oppositions qu'il a fait conduire contre le sieur B..., jusqu'à ce jour, devenant, au moyen des présentes, nulles et comme si elles n'eussent jamais été faites.

Fait et rédigé double, à..., signé, après lecture, l'an et jour susdits.

(*Signatures, avec approbation.*)

Transaction sur Saisie avec Caution.

L'an..., le..., entre les soussignés F... et A..., domiciliés à...,

A été dit, que suivant bail passé devant Me..., notaire à..., le..., enregistré le..., ledit sieur F... a affermé au sieur A... vingt hectares de terres labourables, situées commune de... et autres circonvoisines, moyennant la somme de... fr. de fermage annuel, payer les contributions et autres faisances expliquées audit bail;

Qu'en vertu de ce bail exécutoire, le sieur F... a fait exercer contre le sieur A..., saisie de ses meubles, effets et récoltes tenant par les racines sur les terres affermées, pour avoir paiement des termes de fermages résultant dudit bail, par acte du ministère du sieur..., huissier à..., en date du..., enregistré le...; que, par suite de cette saisie, il a été apposé des placards aux lieux désignés par la loi, fait insertion aux affiches, présenté requête à l'effet de vendre les meubles à domicile cejourd'hui... heures de...; que l'huissier instrumentaire étant arrivé sur les lieux pour procéder à ladite vente, ils ont fait surseoir à icelle, ayant le désir de s'arranger et se régler à l'amiable entre eux;

En conséquence, d'après compte exercé entre les parties, il est résulté que le sieur A... s'est trouvé débiteur et reliquataire envers et au profit du sieur F..., de la somme de... fr. ... c. *savoir* : celle de... fr. ... c., pour les fermages et faisances échus jusques et compris le... des terres affermées par ledit bail, et celle de... fr. ...c. pour les frais de poursuites et diligences faites jusqu'à ce jour ;

Laquelle somme de... fr. de fermages et faisances, le sieur A... promet et s'oblige de la payer le... prochain ; à l'égard de celle de... fr., pour cause de poursuites et diligences, il s'oblige pareillement en faire le paiement au sieur F... le... suivant, le tout en argent ayant cours et non autrement, au domicile de ce dernier, lequel a consenti accorder ces délais de paiemens.

Dans le compte exercé, il n'a point été compris les contributions foncières des biens affermés étant à la charge du sieur A..., c'est pou quoi ce dernier s'oblige de les acquitter et d'en produire la quittanee au sieur F...: lors du dernier paiement qui s'effectuera le...

Le présent arrangement est ainsi consenti par ledit sieur F... pour éviter la vente qui devait se faire cejourd'hui, sous la caution que présente le sieur A..., à l'effet de répondre et porter garantie des sommes par lui dues, ainsi que desdites contributions, laquelle caution présentée est le sieur G..., domicilié en la commune de..., à ce intervenant, qui, après avoir entendu la lecture du présent, a déclaré se rendre caution du sieur A... envers le sieur F..., pour raison des sommes et contributions dont s'agit; pourquoi il s'oblige solidairement avec le sieur A..., un d'eux seul pour le tout, d'acquitter lesdites sommes aux échéances, sans division ni discussion ;

Au moyen de ce que dessus le sieur F... donne

main-levée entière et définitive au sieur A... de la saisie sus-datée, et en décharge valablement le gardien.

Les frais du présent seront acquittés par les obligés.

Fait et rédigé triple à..., le..., signé, après lecture, l'an et jour susdits.

(Signatures, avec approbation.)

Transaction pour Arrérages de rentes cautionnées, ainsi que le principal par la femme séparée de biens d'avec son mari.

L'an..., le..., entre les soussignés G..., demeurant à..., et H... et C. H... son épouse, qu'il autorise à l'effet du présent, séparée de biens suivant jugement rendu par le tribunal de première instance de..., le..., et l'acte de liquidation des droits de cette dernière passé devant Me..., notaire à..., le..., dans le délai prescrit par la loi;

Lesquels ont dit, que suivant acte passé devant Me..., notaire à..., à la date du..., enregistré le..., le sieur H... s'est constitué en... fr. ...c, de rente à à l'échéance du... par chacun an, envers et au profit du sieur G..., au capital de... fr. ...c., pour prêt à lui fait de pareille somme, jusqu'au remboursement qu'il en pourra faire à sa vonlonté toutes fois et quantes;

Qu'en vertu de cet acte, le sieur G... a fait délivrer un commandement par le ministère de..., huissier à..., le..., enregistré le..., au sieur H..., de payer dans le délai de la loi, en deniers ou quittance, la somme de... fr. ... c., pour cinq ans d'arrérages de ladite rente, échus le...., plus les frais;

Et pour arrêter la continuation des poursuites, le sieur H... se trouvant dans l'impossibilité de payer la susdite somme présentement, et voulant, autant qu'il le peut, prouver et donner audit sieur G... toutes sûretés pour le paiement tant de ladite somme de... fr. ... c., que du capital de ladite rente, en principal et arrérages à écheoirs à partir du... à l'avenir;

Les sieur et dame H..., celle-ci autorisée comme dit est, se sont solidairement, un d'eux seul pour le tout, sans division et sous toutes renonciations au bénéfice de droits, obligés,

1º De payer la somme de... fr. ... c. pour les arrérages échus, et les frais, à l'époque du... prochain;

2º Faire ladite rente de... fr. ... c. à l'avenir, le tout à l'hypothèque résultant du contrat de création, sans novation ni dérogation;

Au paiement, tant des arrérages échus qu'à écheoirs, ainsi que du principal, les sieur et dame H... affectent et y hypothèquent, sous ladite solidarité, tous leurs biens présens et avenir, et en outre ladite dame H... a déclaré consentir en faveur du sieur G..., la préférence et priorité d'hypothèques sur celle d'elle dite dame H..., à cause de l'exercice de ses droits sur les biens dudit sieur son mari.

Au moyen des présentes et sous la foi de leur exécution exacte, le sieur G... a renoncé à donner suite au susdit commandement de payer.

Fait et rédigé double, et signé, après lecture, à..., le..., l'an et jour susdits.

(*Signatures, avec approbation*)

Transaction pour annullation d'acte de rente, faute de pouvoir la servir, et consentement de remettre les biens fieffés.

L'an..., le..., entre les soussignés L... et N..., domiciliés à...,

A été convenu ce qui suit :

Que le sieur T... se reconnaissant dans l'impossibilité de servir au sieur L... la rente de » fr. » c., à laquelle il s'est obligé par le contrat de fief passé devant Me..., notaire à..., le..., pour prix des héritages y énoncés, le sieur T... consent se désister, comme en effet il se désiste, par le présent, du bénéfice dudit contrat, consentant qu'il demeure nul et comme non avenu ; et au besoin, il déclare passer et consentir audit sieur L... la vente et rétrocession des mêmes héritages énoncés audit contrat, au moyen de ce que ce dernier le tienne quitte et décharge tant des arrérages de ladite rente échue jusqu'à ce jour, que de la somme de » fr. » c. principal d'icelle ; ce que ledit sieur L... déclare accepter aux mêmes conditions ci-dessus, et au moyen de ce que le sieur T... consent également, par le présent, l'abandon de la récolte qui est présentement en crue et pendante sur lesdits héritages, tant pour les arrérages échus que pour les frais faits et qui restent à faire ; et tenir le sieur T... quitte de tous arrérages de ladite rente jusqu'à ce jour ; pourquoi le sieur T..., s'oblige de passer acte à la première réquisition dudit sieur L..., le subrogeant, dès ce moment, en tous ses droits, nom, raisons et actions résultant du susdit acte de fief, lequel est considéré comme non avenu entre les parties.

Les titres de propriété seront remis en faisant la subrogation.

Fait double, et de bonne foi, sous signatures privées, à..., après lecture, l'an et jour susdits.

(Signatures, avec approbation.

Transaction, Liquidation de Succession.

L'an..., le..., entre les soussignés,

A été arrêté ce qui suit :

Que voulant éviter, arrêter et déterminer définitivement entre nous toutes poursuites du procès en commencé, requête de..., devant le tribunal de première instance d..., aux fins de la liquidation de leurs droits sur les successions mobiliaires et immobiliaires de feus... nos père et mère, l'un décédé le..., et l'autre...; considérant, qu'après examen scrupuleusement fait des titres, papiers et renseignemens de l'intégrité desdites successions, il ne s'est trouvé d'autres biens meubles et immeubles, abstraction faite de toutes charges et dettes mobiliaires, que les immeubles provenus de la succession dudit feu... père commun, consistant..., le tout conformément aux actes que le sieur... s'oblige de représenter toutes fois quantes, si besoin est ;

Avons en conséquence arrêté et déterminé irrévocablement entre nous, et ce par convention expresse et par forme de transaction sur procès, que ladite..., eu égard aux événemens du décès de..., notre mère, arrivé depuis celui de notre père, et de la modicité des biens, n'aura, toutes charges déduites pour toutes créances, propriété et prétentions, tant en principal qu'intérêt, à compter du passé jusqu'à ce jour, qu'une somme de » fr. » c. à exercer sur les biens précités, dont » fr. » c. convertis en intérêt à courir de ce jour, ce qui forme au denier vingt » fr. » c. de rente foncière spécialement affectée sur les biens ci-dessus désignés; que ledit sieur... s'oblige de lui payer annuellement la déduction des contributions, jusqu'au racquit et franchissement qu'il en pourra faire toutes fois et quantes; pourquoi il s'oblige expressément de payer ladite rente en deux termes et paiemens égaux les... de chaque année, à commencer du... prochain.

Le surplus de la somme de » fr. a été payé comptant, dont quittance.

Au moyen de ce que dessus, ledit sieur... demeure paisible propriétaire et seul possesseur des biens sus-désignés; mais en cas de non paiement et d'inexécution de sa part des clauses ci-dessus dans les... jours qui suivront l'échéance des termes pour le paiement de ladite rente, le sieur... pourra, dans tous les temps, y contraindre le sieur... par une simple sommation, et le forcer alors de reconnaître, à ses frais, le présent devant notaire, et de lui en donner une grosse exécutoire.

L'action sus-datée est éteinte et annullée par le présent accord.

Fait double, pour être exécuté selon sa forme et teneur et sans y déroger, signé, après lecture, à..., le..., les jour et an susdits.

(Signatures, avec approbation.)

Accord entre un Créancier et un Tiers pour diriger des poursuites contre un Débiteur.

L'an..., le..., entre les soussignés M..., domicilié à..., et N..., demeurant à...,

Il a été exposé :

Que le sieur M... est créancier sur le sieur V..., marchand, demeurant à..., de la somme de » fr. » c., en vertu d'un jugement rendu par le tribunal de commerce de..., le..., enregistré le...; qu'il est dans l'impossibilité de faire aucunes avances et déboursés pour donner suite à ce jugement et le faire mettre à exécution ; pourquoi il a demandé au sieur N... de s'associer avec lui à cet effet, qu'il a accepté.

En conséquence, il a été convenu et arrêté ce qui suit :

Art. 1er. Le sieur N... prend fait et charge de faire toutes les poursuites généralement, au nom du sieur M..., contre le sieur V..., suivant les règles prescrites par les lois, de faire les avances et déboursés pour son compte personnel, sans en rien demander au sieur M... dans le cas où la créance ne serait payée; il n'en sera remboursé que par le débiteur, s'il vient à payer.

Art. 2. Tous pouvoirs sont donnés au sieur N... de traiter, transiger au lieu et place du sieur M..., de la manière la plus avantageuse, signer, passer tous actes, accorder délais avec caution.

Art. 3. Le sieur N... prend l'obligation de payer les frais de procédure qui auront lieu, à son compte personnel.

Art. 4. Pour indemniser le sieur N... de ses avances et déboursés, et l'obligation qu'il prend pour la continuité des poursuites, frais de voyages et démarches, le sieur M... consent et s'oblige payer des deniers de la créance à recouvrer la somme de » fr. » c.; en conséquence, il ne touchera que celle de » fr. » c., de convention expresse.

Art. 5. Si, contre toute attente, le sieur M... s'arrange arrière du sieur N..., sans lui en donner connaissance, il serait passible de payer la somme de » fr. » c. et du remboursement des frais, déboursés et démarches du sieur N...

Fait et signé double, après lecture, à..., les jour et an susdits.

(Signatures, avec approbation.)

Cession de Droits litigieux.

L'an..., le..., les soussignés F..., vivant de son revenu, et dame B..., son épouse, qu'il autorise, demeurant ensemble en la ville d...,

B..., domicilié à...,

Et G..., résidant à..., d'une part,

Et M. L..., demeurant à..., d'autre part,

Ont dit, fait et arrêté ce qui suit :

Il dépendait de la succession du sieur H... une maison située à..., dont ses héritiers prétendent aujourd'hui être propriétaires.

Les sieur et dame F... sont fondés à en prétendre la propriété, comme ayant été bâtie ladite maison sur un terrain recueilli dans la succession du sieur B..., père, qui l'avait acquis du sieur G...

Divers jugemens ont néanmoins été rendus contre

les sieur et dame F..., par le tribunal de première instance d..., dans lesquels sont intervenus lesdits sieurs B...

Les sieur et dame F... ont appelé deux jugemens à la cour royale d..., mais leurs moyens ni ceux des sieurs B... ne leur permettant pas d'avancer des frais considérables qu'un pareil procès pourrait entraîner, et craignant aussi que l'issue ne soit pas en leur faveur, ont proposé à M. L... de lui céder leur droit dans l'action intentée ; cette proposition étant acceptée par celui-ci, les soussignés ont arrêté les conditions de cet accord de la manière qui suit :

Art. 1er. Les sieur et dame F... et sieur B... cèdent et abandonnent sans aucune espèce de garantie de leur part, même de leurs faits personnels ;

A M. L..., ce acceptant,

Tous leurs droits dans l'action intentée contre eux par les héritiers H..., sauf par M. L... à défendre ces droits à ses risques et périls comme il entendra.

Art. 2. Tous les frais généralement quelconques qui sont déjà faits et qui le seront encore jusqu'à ce que l'affaire soit réglée définitivement, seront à la charge de M. L..., sans aucun recours contre ses cédans.

Art. 3. Si à l'issue du procès, les sieur et dame F... sont regardés comme propriétaires de la maison en litige, cette maison reviendra propriété de M. L..., sans aucune espèce d'indemnité envers eux, et ce pour l'indemniser de tous ses frais faits et à faire ;

Art. 4. En devenant propriétaire de ladite maison, M. L... laissera jouir les sieur et dame F... pendant leur vie et celle du survivant d'eux, aussi sans aucune espèce d'indemnité de la part de ces derniers ; pendant cette jouissance lesdits sieur et dame B... seront tenus de toutes les réparations usufruitières de ladite maison, les contributions foncières et autres impôts auxquels ladite maison sera assujétie pendant ledit usufruit, seront à la charge desdits sieur et dame F...

Art. 5. La maison dont est question est grevée d'une rente de » fr. » c. due au sieur G...; cette rente sera à la charge de M. L...; seulemement à compter de son entrée en jouissance, il devra l'acquitter aux lieu et place des héritiers desdits sieur et dame F..., de manière à ce qu'ils n'éprouvent aucune inquiétude à cet égard.

Art. 6. Dans le cas où M. L... viendrait à perdre le procès dont il s'agit, tous les frais qu'il aurait pu faire seront à sa charge personnelle, également sans aucun recours contre lesdits sieur et dame F... et conjoints.

Art. 7. Le présent sera réalisé devant notaire aussitôt à l'issue du procès, toutefois s'il est en faveur des sieur et dame F... et conjoints, parce que dans le cas contraire cette réalisation deviendrait inutile, puisque la maison dont est question serait jugée ne point appartenir auxdits sieur et dame F..., cette réalisation aurait également lieu aux frais de M. F...

Art. 8 et dernier. Dans le cas où les sieur et dame F... et conjoints viendraient, par tel motif que ce soit, à faire réaliser ces présentes, tous les frais et faux-frais avancés par M. F... lui seront restitués en entier, et sur sa simple demande.

Fait et signé double, à..., les jour et an susdits, lecture faite.

(Signatures, avec approbation.)

Les juges, leurs suppléans, les magistrats remplissant le ministère public, les greffiers, huissiers, avoués, défenseurs officieux et notaires, ne peuvent devenir cessionnaires des procès, droits et actions litigieux qui sont de la compétence du tribunal dans le ressort duquel ils exercent leurs fonctions, à peine de nullité, et des dépens, dommages et intérêts. (*Art.* 597, *Code civ.*)

Celui contre lequel on a cédé un droit litigieux, peut s'en faire tenir quitte par le cessionnaire, en lui remboursant le prix réel de la cession avec les frais et loyaux coûts, et avec les intérêts à compter du jour où le cessionnaire a payé le prix de la cession à lui faite. (*Art.* 1699, *Code civ.*)

La chose est censée litigieuse dès qu'il y a procès et contestation sur le fond du droit. (*Art.* 1700, *Code civ*).

La disposition portée en l'article 1699 cesse, 1º dans le cas où la cession a été faite à un cohéritier ou à un co-propriétaire du droit cédé; 2º lorsqu'elle a été faite à un créancier en paiement de ce qui lui est dû; 3º lorsqu'elle a été faite au possesseur de l'héritage sujet au droit litigieux. (*Art.* 1701, *Code civ.*)

*Traité entre un Débiteur et ses Créanciers pour
éviter à frais de poursuites et faillite.*

L'an..., le..., entre les soussignés..., d'une part,
ébiteur, etc.

1° ...., demeurant à... créancier de la somme
de............................... ci » fr. » c.
2°.............................. ci » fr. » c.
3°.............................. ci » fr. » c.

Tous créanciers sérieux et légitimes pour les
sommes ci-dessus,

Il a été exposé que le sieur L... ne pouvant
remplir les engagemens qu'il a contractés avec ses
créanciers, les a réunis pour leur donner connaissance de l'état exact de ses affaires, et de lui accorder
remises, termes et délais nécessaires.

Lesdits créanciers, examen par eux fait de la situation de leur débiteur, considérant que le déficit
qui existe dans ses affaires est le résultat de la crise
commerciale actuelle, sont convenus de ce qui suit :

Art. 1er. Les créanciers ci-dessus dénommés et
soussignés, font, par ces présentes, remise de leur
bon gré au sieur H..., qui l'accepte et les en re-
mercie, de 50 fr. pour cent en principal de leurs
créances, ainsi que de tous intérêts et frais.

Art. 2. A l'égard des 50 fr. pour cent dont il
n'est point fait remise, le sieur H..... promet et s'o-
blige de les payer à ses créanciers, en six paiemens
égaux, de six mois en six mois, sous la caution de son
épouse; le premier desquels sera dû fin décembre
prochain, pour ainsi continuer de six mois en six

mois, pour raison de quoi il a été fait solidairement des billets à ordre.

Art. 3. Les créanciers s'obligent à retirer de la circulation tous titres et billets du sieur H... par eux négociés, et à le garantir de toutes poursuites; ils s'obligent de lui remettre en outre, duement acquittés, toutes factures et tous billets formant l'importance de leurs créances, en change des nouveaux billets faits ce jour par les sieur et dame L....

Art. 4. Il est expressément convenu qu'à défaut de paiement d'un ou plusieurs billets faits cejourd'hui, et après une simple sommation de payer restée sans effet, tous les billets souscrits par les sieur et dame H... seront exigibles et pourront être poursuivis immédiatement pour la totalité desdits effets.

Le présent traité ne sera obligatoire pour les créanciers signataires qu'autant qu'il sera signé de tous les créanciers susnommés : il lui est accordé pour l'obtenir le délai d'un mois à partir de ce jour.

Pour surveiller l'exécution du présent traité les créanciers nomment et choisissent M..., qui accepte charge, et à qui tous pouvoirs sont donnés à l'effet de ce que dessus.

Fait double, à..., les jour et an susdits, signé après lecture.

(Signatures des parties, avec approbation par ceux qui n'ont point transcrit l'acte.)

ACTES COMMERCIAUX.

LIVRE TROISIÈME.

CHAPITRE PREMIER.

LETTRES DE CHANGE ET BILLETS A ORDRE.

De la Lettre de Change.

*Art.*110. *Code de Comm.* La lettre de change est tirée d'un lieu sur un autre. — Elle est datée. — Elle énonce, — La somme à payer, — Le nom de celui qui doit payer, — L'époque et le lieu où le paiement doit s'effectuer, — La valeur fournie en espèces, en marchandises, en compte, ou de toute autre manière. — Elle est à l'ordre d'un tiers, ou à l'ordre du tireur lui-même. — Si elle est par 1re, 2e, 3e, 4e, etc., elle l'exprime.

111. Une lettre de change peut être tirée sur un individu, et payable au domicile d'un tiers. — Elle peut être tirée par ordre et pour le compte d'un tiers.

112. Sont réputées simples promesses toutes lettres de change contenant supposition soit de nom, soit de qualité, soit de domicile, soit des lieux où elles *sont* tirées ou dans lesquels elles *sont* payables.

La signature des femmes et des filles, non négociantes ou marchandes publiques, sur les lettres de change, ne vaut à leur égard que comme simple promesse. (*Art.* 113, *Code de Comm.*)

Les lettres de change souscrites par des mineurs non négocians sont nulles à leur égard, sauf les droits respectifs des parties, conformément à l'article 1312 du Code civil. (*Art.* 114, *Code de Comm.*)

Lorsque les mineurs, les interdits ou les femmes mariées sont admis, en ces qualités, à se fairerestituer contre leurs engagemens, le remboursement de ce qui aurait été, en conséquence de ces engagemens, payé pendant la minorité, l'interdiction ou le mariage, ne peut en être exigé, à moins qu'il ne soit prouvé que ce qui a été payé a tourné à leur profit. (*Art.* 1312, *Code civ.*)

Une lettre de change peut être tirée à vue,

A un ou plusieurs jours....
A un ou plusieurs mois.... } devue,
A une ou plusieurs usances

A un ou plusieurs jours....
A un ou plusieurs mois.... } de date,
A une ou plusieurs usances

A jour fixe, ou à jour déterminé, en foire. (*Art.* 129, *Code de Comm.*)

La lettre de change à vue est payable à présentation. (*Art.* 130, *Code de Comm.*)

L'échéance d'une lettre de change,

A un ou plusieurs jours.... }
A un ou plusieurs mois.... } de vue,
A une ou plusieurs usances }

Est fixée par la date de l'acceptation, ou par celle du protêt faute d'acceptation. (*Art.* 131.)

L'usance est de trente jours qui courent du lendemain de la date de la lettre de change.

Les mois sont tels qu'ils sont fixés par le calendrier grégorien. (*Art.* 132.)

Une lettre de change payable en foire est échue la veille du jour fixé pour la clôture de la foire, ou le jour de la foire si elle ne dure qu'un jour (*Art.* 133.)

Si l'échéance d'une lettre de change est à un jour férié légal, elle est payable la veille, (*Art.* 134.)

Formules de Lettres de Change.

(Art. 110, 111, Code de Comm.)

Lettre à terme fixe, payable à l'ordre du tireur lui-même.

Paris, le... an...   B. p. » fr. » c.

Monsieur,

Le... prochain, il vous plaira payer par cette présente lettre de change, à moi ou à mon ordre, la somme de..., valeur que vous avez reçue en argent, marchandises, ou solde de compte ; enfin de toute autre manière, sans autre avis de... votre serviteur.

(Signature du tireur.)

A monsieur,

M..., négociant, à Versailles.

Lettre payable à l'ordre d'un tiers.

Rouen, le..., an...   B. p. » fr. » c.

Monsieur,

Le... prochain, il vous plaira payer par cette seule décharge, à M... ou à son ordre, la somme de..., valeur reçue de lui en argent, et que vous me passerez en compte, sans autre avis de... votre serviteur.

(Signature du tireur.)

A monsieur,

B..., marchand, au Havre.

____

Lettre tirée sur une personne et payable au domicile d'un tiers.

Elbeuf, le..., an...   B. p. » fr. » c.

Monsieur,

Le... prochain, il vous plaira payer par cette seule de change, à M... ou à son ordre, la somme de..., valeur que vous me devez pour marchandises vendues et livrées avant ce jour, et pour solde, sans autre avis de... votre serviteur.

(Signature du tireur).

A monsieur,

M..., propriétaire et marchand, à Paris.

Acceptation.

Accepté payer la somme de (*en toutes lettres*) au domicile de M..., à..., rue... n°..., à..., le..., an...

————

Lettre tirée par ordre et pour le compte d'un tiers.

Caen, le..., an...   B. p. » fr. » c.

Monsieur,

Le... prochain, il vous plaira payer par cette présente lettre de change, à M... ou ordre, la somme de..., valeur que vous devez à M..., et que vous passerez à son compte, suivant l'avis de... votre serviteur.

(Signature du tireur par ordre.)

A monsieur,

G..., marchand à...,

Nota. Lorsqu'un individu tire plusieurs lettres de change sur la même personne, le même jour ou à jours différens, la formule est semblable à celles précédentes, à l'exception d'exprimer, il vous plaira payer par cette présente lettre ou seule de change; il faut mettre, il vous plaira payer par cette première de change;

A la deuxième, par cette seconde de change;

A la troisième, par cette troisième;

Ainsi de suite; à la dernière, admettant que ce soit la cinquième qui termine, il faut dire par cette cinquième et dernière de change.

De l'Acceptation de la Lettre de Change.

Celui qui accepte une lettre de change contracte l'obligation d'en payer le montant.

L'accepteur n'est pas restituable contre son acceptation, quand même le tireur aurait failli à son insu avant qu'il l'eût acceptée. (*Art.* 121 , *Code de comm.*)

L'acceptation d'une lettre de change doit être signée.

L'acceptation est exprimée par le mot *accepté*.

Elle est datée, si la lettre est à un ou plusieurs jours au moins de vue.

Et, dans ce dernier cas, le défaut de date de l'acceptation rend la lettre exigible au terme y exprimé, à compter de sa date. (*Art.* 122.)

L'acceptation d'une lettre de change payable dans un autre lieu que celui de la résidence de l'accepteur, indique le domicile où le paiement doit être effectué ou les diligences faites. (*Art.* 123.)

L'acceptation de la lettre de change payable à terme, se fait de la manière ci-après :

Accepté,

(*Signature de celui qui accepte.*)

S'il ne doit pas entièrement la somme portée en la lettre de change, il l'accepte en ces termes :

Accepté pour la somme de...

La lettre de change payable à un ou plusieurs jours de vue, l'acceptation doit être datée ; le délai pour le paiement ne devant courir que du jour de vue, comme il suit :

Accepté, ce..., an...

Nota. Les articles 136, 137, 138, 139, 142, relatifs à l'endossement, laval et l'acquittement, devant cités, sont applicables aux lettres de change ; les formalités à observer sont les mêmes.

De la Prescription relative aux Lettres de Change et Billets à Ordre.

Toutes actions relatives aux lettres de change, et à ceux des billets à ordre souscrits par des négocians, marchands ou banquiers, ou pour faits de commerce, se prescrivent par cinq ans, à compter du jour du protêt, ou de la dernière poursuite juridique, s'il n'y a eu condamnation, ou si la dette n'a été reconnue par acte séparé.

Néanmoins, les prétendus débiteurs sont tenus,

s'ils en sont requis, d'affirmer, sous serment, qu'ils ne sont plus redevables; et leurs veuves, héritiers ou ayant-cause, qu'ils estiment de bonne foi qu'il n'est plus rien dû. (*Art.* 189, *Code de comm.*)

Du Billet à Ordre.

Toutes les dispositions relatives aux lettres de changes et contenant l'échéance, l'endossement, la solidarité, l'aval, le paiement par intervention, le protêt, les devoirs et droits du porteur, le rechange ou les intérêts, sont appliquables aux billets à ordre. (*Art* 187, *Code de Comm.*)

Le billet à ordre est daté, il énonce la somme à payer, le nom de celui à l'ordre de qui il est souscrit, l'époque à laquelle le paiement doit s'effectuer, la valeur qui a été fournie en espèces, en marchandises, en compte, ou de toute autre manière. (*Art.* 188, *Code de Comm.*)

Formule d'un Billet à Ordre.

Le... prochain, je paierai à M..., marchand, à..., ou à son ordre, la somme de (exprimer la somme en toutes lettres), valeur reçue en argent (ou en marchandises, ou de toute autre manière), payable à mon domicile, à..., rue..., no..., fait à... ce... an...

(*Signature du Souscripteur.*)

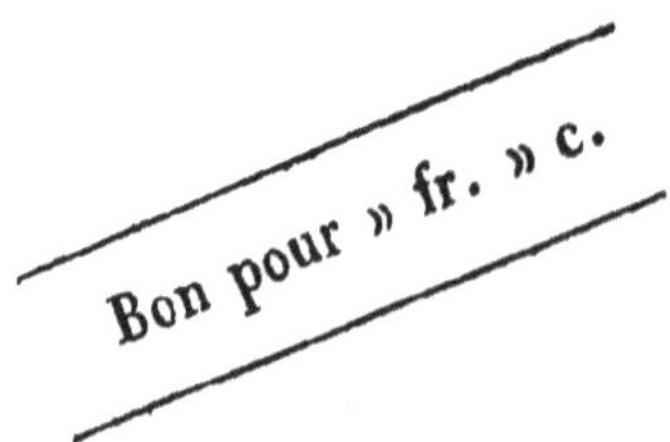

Autre formule.

Le... prochain, nous paierons solidairement à M...
ou à son ordre, la somme de (en toutes lettres), valeur
reçue en espèces, etc.., payable au domicile de M..,
à..., rue..., n°..., fait à..., ce..., an...

(*Signature du Souscripteur.*)

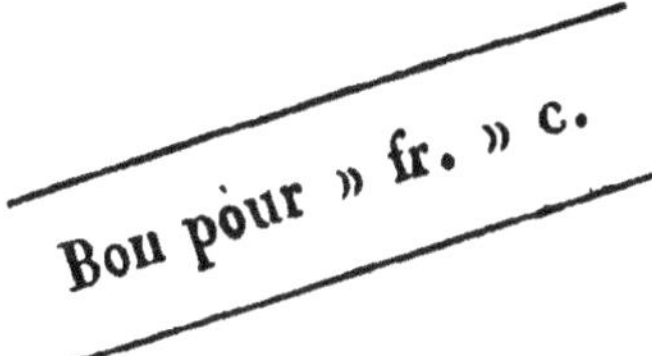

Billet payable en foire.

Foire de... prochain, je paierai à M..., ou à son
ordre, la somme de.., valeur reçue en marchandises,
à..., le..., an...

(*Signature.*)

Billet par un mari et sa femme.

Le... prochain, nous, soussignés..., et..., mon épouse, que j'autorise à cet effet, nous nous obligeons payer solidairement, un de nous seul pour le tout, à M..., ou à son ordre, la somme de (en toutes lettres) qu'il nous a prêtée pour le besoin de notre commerce, payable à notre domicile, à..., rue..., nº..., fait à..., le.., an...

(Signature des Souscripteurs.)

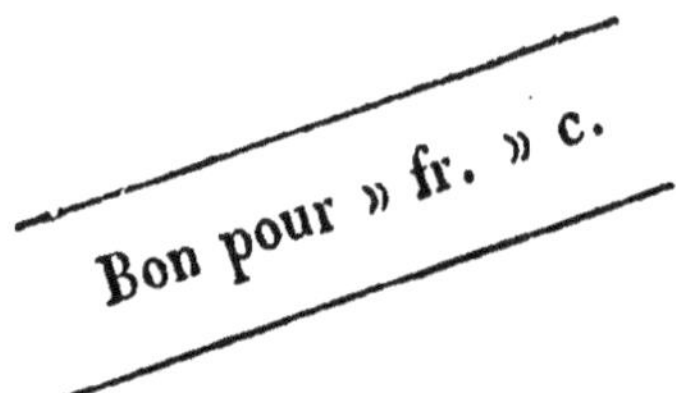

OBSERVATIONS. 1º Il est essentiel que le mari mette la clause (que j'autorise à cet effet), autrement le billet serait nul envers la femme, à moins qu'elle ne fût séparée de biens ou autorisée par la justice.

2º Il ne faut pas omettre dans le billet le mot *ordre*, parce qu'il ne serait que simple obligation; on ne pourrait le passer en commerce, il faudrait le transporter.

3º Avoir soin de mettre la somme en toutes lettres et non en chiffres : on s'exposerait à des inconvéniens, vu qu'il est facile de faire un 9 d'un 0, un 7 du 1, et de même un 2; d'ajouter un 0 à la somme de 100 ou 1000. Il faut éviter des surcharges ou des additions.

4º Si le billet n'a pas été écrit par la personne

dont il est signé, il faut que la somme soit approuvée en toutes lettres. (*Art.* 1326, *Code civ.*)

5º Un arrêt de la Cour royale de Lyon, du 30 août 1818, porte que l'obligation d'approuver en toutes lettres un billet signé, mais non écrit de la main du signataire, s'entend même en cas où le billet est souscrit par deux obligés solidaires et écrit en toutes lettres par l'un des deux.

6º Un arrêt infirmatif de la Cour de cassation du 17 août 1808, prononce la nullité de la promesse ou du billet, faute de mention de la somme en toutes lettres.

7º Un arrêt de la même Cour, du 27 janvier 1812, a jugé que l'art. 1326 du Code civil, s'appliquait aux billets à ordre.

De l'Endossement.

La propriété d'un billet se transmet par la voie de l'endossement. (*Art.* 136 *du Code de com.*)

L'endossement est daté, il exprime la valeur fournie, il énonce le nom de celui à l'ordre de qui il est passé. (*Art.* 137.)

Si l'endossement n'est pas conforme aux dispositions de l'article précédent, il n'opère pas le transport; il n'est qu'une procuration. (*Art.* 138.)

Il est défendu d'antidater les ordres, à peine de faux. (*Art.* 139.)

L'endossement doit être ainsi conçu :

Passé à l'ordre de M..., valeur reçue en argent, en compte, ou en marchandises, à..., le..., an....

(*Signature de l'endosseur.*)

De l'Aval.

Le paiement d'un billet indépendamment de l'acceptation et de l'endossement, peut être garanti par un aval. (*Art.* 141, *Code de comm.*)

Le donneur d'aval est tenu à la garantie solidaire envers le porteur, au paiement comme le souscripteur et les endosseurs. (*Art.* 140, 142.)

Formule de l'Aval

Je soussigné... m'oblige payer la somme de..., montant du billet ci-dessus, s'il n'est pas acquitté à son échéance par le souscripteur.

(*Ou* mettre : pour aval de M..., l'un des endosseurs, à..., le..., an...

Acquittement d'un Billet.

Pour acquit, ce...

(*Signature, profession et demeure de la personne qui reçoit le montant du billet.*)

CHAPITRE II.

ACTES DE SOCIETE.

18. *Code de comm.* Le contrat de société se ré-
gle par le droit civil, par les lois particulières au
commerce, et par les conventions des parties.

51. Toute contestation entre associés, et pour
raison de la société, sera jugée par des arbitres.

52. Il y aura lieu à l'appel du jugement arbitral,
ou au pouvoi en cassation, si la renonciation n'a
pas été stipulée. L'appel sera porté devant la cour
royale.

53. La nomination des arbitres se fait — Par un
acte sous signature privée, — Par un acte notarié,
— Par acte extrajudiciaire, — Par un consentement
donné en justice.

54. Le délai pour le jugement est fixé par les
parties, lors de la nomination des arbitres; et, s'ils
ne sont pas d'accord sur le délai, il sera réglé par les
juges.

55. En cas de refus de l'un ou de plusieurs des
associés de nommer des arbitres, les arbitres sont
nommés d'office par le tribunal de commerce.

56. Les parties remettront leurs pièces et mé-

moires aux arbitres, sans aucune formalité de justice.

57. L'associé en retard de remettre les pièces et mémoires, est sommé de le faire dans les dix jours.

58. Les arbitres peuvent, suivant l'exigence des cas, proroger le délai pour la production des pièces.

59. S'il n'y a renouvellement de délai, ou si le nouveau délai est expiré, les arbitres jugent sur les seules pièces et mémoires remis.

60. En cas de partager, les arbitres nomment un sur-arbitre, s'il n'est nommé par le compromis : si les arbitres sont discordans sur le choix, le sur-arbitre est nommé par le tribunal de commerce.

61. Le jugement arbitral est motivé. — Il est déposé au greffe du tribunal de commerce. — Il est rendu exécutoire sans aucune modification, et transcrit sur les registres, en vertu d'une ordonnance du président du tribunal, lequel est tenu de la rendre pure et simple, et dans le délai de trois jours du dépôt au greffe.

62. Les dispositions ci-dessus sont communes aux veuves, héritiers ou ayant-cause des associés.

63. Si des mineurs sont intéressés dans une contestation pour raison d'une société commerciale, le tuteur ne pourra renoncer à la faculté d'appeler du jugement arbitral.

64. Toutes actions contre les associés non liquidateurs et leurs veuves, héritiers ou ayant-cause, sont prescrites cinq ans après la fin ou la dissolution de la société, si l'acte de société qui en énonce la durée, ou l'acte de dissolution, a été affiché et enregistré conformément aux articles 42, 43, 44 et 46, et si, depuis cette formalité remplie, la prescription

n'a été interrompue à leur égard par aucune poursuite judiciaire.

Formule d'un Acte de Société en participation pour commerce de bonneterie.

L'an... le... entre nous soussignés (*noms, prénoms, qualités et domicile*),

A été convenu ce qui suit :

Chacune des parties met dans la société la somme de vingt mille francs, pour former un fonds social de quarante mille francs, qui seront employés en achats de marchandises du commerce de bonneterie.

Les associés participeront et contribueront également et pour moitié aux bénéfices, charges et pertes de la société.

Au nombre des charges de la société seront compris notamment, 1° les loyers de la boutique, arrièreboutique, et du logement en dépendant, que les parties ont loué, à l'effet d'y exercer leur commerce, du sieur..., dans une maison sise à..., rue..., n°..., pour... années, à compter du..., moyennant 1800 francs de loyer par chaque année.

2° Les gages de deux commis, la nourriture des associés et celle de leurs commis.

4° Leurs frais de chauffage et de lumière.

Toutes les opérations importantes et les achats qui excéderont la somme de... seront faits d'un commun accord. La vente et le débit des marchandises seront faits indistinctement par l'un ou l'autre des associés. Le livre des achats, recettes et dépenses sera tenu par M P... Les feuillets en seront préalablement numérotés et paraphés par chacun des associés. Le prix des ouvrages et ventes sera reçu indistinctement par chacun des associés, à la charge de verser à la fin de chaque jour les sommes reçues dans la caisse de la société qui sera tenue par M. P...

Chacun des associés aura la signature sociale, qui sera ainsi conçue. (*Modèle de la signature*).

Tous les ans à pareil jour il sera procédé à l'examen et au compte de la société, et il sera fait inventaire à l'amiable, et sous signatures privées, entre eux, pour constater les marchandises, deniers comptans, et les créances actives et passives de la société.

Chacun des associés ne pourra prélever sur sa part, dans les bénéfices, que cinq pour cent de sa mise sociale; le surplus demeurera dans la société pour accroître les fonds sociaux.

Il sera libre à chaque associé de verser d'autres fonds dans la société, auquel cas sa part dans les bénéfices ne sera pas augmentée; mais la société lui devra six pour cent par année, sans retenue, pour intérêts desdits fonds, à compter du jour qu'ils y auront été versés; cet intérêt sera payé de six mois en six mois. L'associé qui aura versé ses fonds les pourra retirer quand bon lui semblera, en prévenant son coassocié trois mois d'avance; et s'ils sont laissés dans la société jusqu'à sa dissolution, ils seront prélevés, avant tout partage, au profit de l'associé auquel ils appartiendront, en sorte qu'il ne soit, à cet égard, considéré que comme créancier de la société.

La société venant à se dissoudre par le décès de l'un des associés, l'achalandage, le droit au bail des lieux, celui d'y continuer le commerce, appartiendront au survivant seul.

La société sera réputée dissoute à l'égard de l'associé prédécédé et de ses héritiers, du jour du dernier inventaire ; lesdits héritiers ne pourront en conséquence prétendre à d'autres droits qu'à ceux résultant de ce dernier inventaire, auxquels droits seront ajoutés néanmoins les fonds que l'associé prédécédé aurait versés dans la société depuis ledit inventaire, ainsi que les intérêts desdits fonds, sur le prix ci-dessus fixé, et qui n'auraient point été acquittés. Lesdits héritiers ne pourront apposer aucun scellé sur les marchandises, effets, livres et papiers de la société ; mais l'associé survivant sera tenu de leur représenter le livre tenu depuis le dernier inventaire. La liquidation de la société dissoute par décès appartiendra à l'associé survivant ; il paiera aux héritiers de l'associé prédécédé, savoir, leur part des deniers comptans, dans le mois du décès ; leur part dans la valeur des marchandises, d'après estimation, à dire d'experts, dans les six mois aussi à compter du décès, et il leur comptera tous les trois mois, à partir du même jour, des recouvremens qui auront été faits, le tout sans intérêts et après prélèvement des dettes à la charge de la société dissoute.

En cas de dissolution de la société par l'expiration du temps convenu pour sa durée, les parties s'entendront à l'amiable entre elles sur la liquidation de la société, sur le droit au bail des lieux, et sur le partage de tout ce qui constituera le fonds de commerce, même sur l'achalandage.

Les contestations qui pourraient survenir entre les parties, au sujet de la présente société, seront jugées par deux arbitres, dont un sera nommé par..., et l'autre par... En cas de partage d'avis, ces arbitres, choisiront un tiers-arbitre. Les parties promettent de s'en rapporter à leur décision, et de l'exécuter comme jugement rendu en dernier ressort, sans pouvoir en appeler, ni se pourvoir par requête civile ou en cassation. Si l'un des associés refuse de nommer son arbitre après les huit jours qui auront suivi la sommation qui lui en aura été faite, l'autre associé sera autorisé à faire nommer ledit arbitre par le tribunal de commerce de...

Fait et arrêté à..., ce....

(Suivent les signatures.)

Acte de Société en Commandite.

Art. 23, *Code de comm.* La *société en commandite* se contracte entre un ou plusieurs associés responsables et solidaires, et un ou plusieurs associés simples bailleurs de fonds, que l'on nomme *commanditaires* ou *associés en commandite.*—Elle est régie sous un nom social, qui doit être nécessairement celui d'un ou plusieurs des associés responsables et solidaires.

24. Lorsqu'il y a plusieurs associés solidaires et en nom, soit que tous gèrent ensemble, soit qu'un ou plusieurs gèrent pour tous, la société est, à la fois, société en nom collectif à leur égard, et société en commandite à l'égard des simples bailleurs de fonds.

25. Le nom d'un associé commanditaire ne peut faire partie de la raison sociale.

26. L'associé commanditaire n'est paisible des pertes que jusqu'à concurrence des fonds qu'il a mis ou dû mettre dans la société.

27. L'associé commanditaire ne peut faire aucun acte de gestion, ni être employé pour les affaires de la société, même en vertu de procuration.

28. En cas de contravention à la prohibition mentionnée dans l'article précédent, l'associé commanditaire est obligé solidairement, avec les associés en nom collectif, pour toutes les dettes et engagemens de la société.

L'an..., le...,
Entre nous soussignés
Charles... d'une part,
Henri... d'autre part,
A été convenu ce qui suit :

Une société en commandite a été formée pour le commerce de... aux conditions suivantes :

Art. 1. Ladite société est formée pour l'espace de 11 ans consécutifs, à partir de ce jour où elle commence.

Art. 2. Le capital de la société sera de 40 mille fr. fournis par le sieur Henri..., associé commanditaire.

Art. 3. Ladite société existera sous la raison de Charles... et Cie qui administrera.

Art. 4. Il sera payé par la société à Charles... la somme de 1500 francs chaque année, pour le loyer des bâtimens, magasins à l'usage du commerce de la société et la nourriture des commis employés par la société ; cette somme lui sera payée en quatre payemens égaux de trois mois en trois mois.

Art. 5. Tous les mois il sera fait état de situation de ladite société, et la moitié des bénéfices sera prélevée pour être partagée entre les associés, et l'autre moitié restera en caisse, pour être employée en marchandises.

Art. 6. Tous les ans il sera fait inventaire général.

Art. 7. S'il arrive des pertes dans ladite société, elles seront supportées par tous les associés ; mais le sieur..., à titre d'associé commanditaire, ne sera pas tenu des dettes de la société au-delà de sa mise de fonds.

Art. 8. En cas de décès de l'associé responsable, la société sera dissoute, et il sera procédé à la liquidation des comptes et au partage ; mais si c'est l'associé commandataire qui décède pendant le cours de ladite société, elle continuera jusqu'à l'expiration du temps fixé, et la part des bénéfices devant en revenir au décédé, sera remise à ses héritiers.

Art. 9. A l'expiration de la société il sera fait état de situation et inventaire général, et les marchandises, capitaux et effets de commerce appartenant à la société, seront partagés entre les associés.

Art. 10. La liquidation sera faite par .... qui en rendra compte aux autres associés.

Art. 11. S'il s'élève, pendant le cours de la société, quelques contestations entre les associés, elles seront soumises à des arbitres, que les parties sè choisiront elles-mêmes, ou qui seront nommés d'office par le tribunal de commerce.

Fait et signé double... à... an... ce...

(Signatures.)

PÉTITIONS.

PÉTITIONS.

Les pétitions adressées aux dignitaires ont le commencement à deux ou trois doigts de hauteur.

Pour obtenir des secours.

A Sa Majesté la Reine des Français.

Madame,

Les bienfaits que reçoivent chaque jour de votr e
Majesté , les malheureux qui implorent votr e
bienfaisance, prouvent assez que vous êtes la pro -
tectrice des infortunés, à ce titre,

Le sieur..., domicilié à..., canton d..., arrondissement d..., département d...,

A l'honneur de vous exposer qu'il est sans ressource en ce moment. Victime depuis trois ans de
funestes événemens inattendus.

La mort de six chevaux , pertes de créances ; la
vente forcée par suite de saisie de ses voitures

e

et attelages; le malheur de perdre un bras, ayant tombé sur la roue de sa voiture; hors d'état de pouvoir gagner sa vie, se trouvant sans moyens d'existence ;

Implore la bienfaisance de votre Majesté, et la supplie de venir à son secours dans la triste position où il se trouve par des événemens qu'il est impossible à l'homme de prévoir.

Cet acte de bienfaisance de votre altesse royale envers un malheureux augmentera le nombre des sujets que la reconnaissance porte chaque jour à bénir votre nom,

J'ai l'honneur d'être avec le plus profond respect,

Madame,

De votre Majesté,'

Le très-humble et très-obéissant serviteur,

Présentée le...

***

Autre pour obtenir des secours.

Le sieur ..., domicilié à ...,

A l'honneur d'exposer,

Qu'il s'est engagé volontairement pour huit ans, qu'il est arrivé au corps le..., et servi dans le... régiment d..., bataillon..., compagnie de..., qu'il a été réformé le..., ayant été jugé hors d'état de continuer le service militaire par les officiers de santé, par un coup de sabre qu'il a reçu au genou droit, survenu depuis son entrée au service, et le rend impropre à toute espèce de service militaire.

Qu'il lui a été délivré un certificat de bonne conduite par le chef du bataillon, le...

Qu'enfin, il s'est comporté depuis cette époque avec honnêteté et probité, de manière à mériter l'estime publique : il est muni de certificats attestant ce fait.

Ne pouvant agir de sa jambe facilement, se trouve hors d'état de pouvoir gagner sa vie, et sans moyens d'existence,

Ce considéré, demande qu'il plaise à sa Majesté, lui faire procurer des secours.

Cet acte de bienfaisance de votre altesse royale, envers un malheureux, augmentera le nombre des sujets que la reconnaissance porte chaque jour à bénir votre nom,

Dans l'attente d'une réponse favorable de votre Majesté,

(Terminer comme celle ci-dessus.)

Demande pour être déchargé de la contribution mobilière.

*À Monsieur le Préfet de l'arrondissement de ...
département de...*

Monsieur.

La Ve. ..., habitante de...,

À l'honneur de vous exposer qu'elle est imposée au rôle de la contribution mobilière pour commencer en la présente année, sous le n° .., à la somme de ..,

L'exposante est extrêmement âgée, infirme et sans moyen d'existence.

Elle était propriétaire, à la vérité, de biens fonds; le partage opéré entre ses enfans, il lui reste à peine de quoi subsister, ce qui est notoirement connu.

Sa position est des plus malheureuse; elle vous prie, Monsieur, de vouloir bien y avoir égard, en ordonnant qu'elle sera rayée et biffée du rôle de ladite contribution.

Elle joint à la présente un certificat attestant sa position et la quittance des douzièmes échus.

Présentée à ..., le ..., an...

Demande pour être déchargé de la contribution foncière.

A M. le Préfet du département d ...

Monsieur,

Le sieur ..., domicilié à ..., a l'honneur de vous exposer qu'il est propriétaire d'une maison, sise à ..., rue ..., portant le n° ...

Que cette maison a été inhabitée depuis le ... et même avant, l'exposant n'ayant pu trouver à la louer.

Que l'impôt foncier, portes et fenêtres, de ladite année ..., évalué à » fr. » c., certifié par l'extrait de matrice du rôle délivré par M. le maire de ..., en date du ..., jointe à la présente, a été acquitté.

Dans cette circonstance, l'exposant demande à être remboursé de la somme de ..., montant de ladite contribution ...

Il attend de vous cette justice, et vous salue respectueusement.

Présentée à ..., le ..., an.

Demande pour être déchargé de la patente.

A Monsieur le Sous-Préfet, etc.

Monsieur,

Le sieur ... a l'honneur d'exposer qu'il est imposé au rôle de la contribution patente de ..., comme marchand de bois en détail, état qu'il a cessé d'exercer depuis plusieurs années.

Pourquoi il joint à la présente la quittance et la patente, et demande à être remboursé de la somme de » fr. » c., par lui avancée. Il attend de vous cette justice, et vous salue respectueusement.

Présentée le ..., à ...,

Demande en réduction d'impôt.

A Monsieur le Préfet, etc.

Monsieur,

Le sieur ...

Expose qu'il est imposé au rôle de la contribution mobilière de ladite ville, pour l'an ..., dans une proportion beaucoup plus élevée que celle assignée aux autres contribuables de la même ville ; qu'elle excède d'ailleurs la juste proportion de son loyer d'habitation, et que, pour se conformer aux dispositions de l'arrêté des consuls, du 24 floréal an 8 , il déclare présenter pour moyen de comparaison les cotes mobilières des sieurs 1°..., 2° ..., 3° ..., tous trois demeurant dans la rue de ..., et dont le revenu comparatif est bien supérieur au sien, et qui cependant se trouvent bien moins imposés , et conclue à ce que sa cotisation soit établie proportionnellement à celles qu'il indique, et à ce qu'il lui soit accordé un dégrèvement de la somme à laquelle il se trouve trop imposé.

Il joint à sa pétition la quittance des termes échus, ainsi que le prescrit le même arrêté, et il attend avec confiance l'effet de la justice qu'il réclame et qui lui est due à si juste titre, et vous rendrez justice.

Présentée ce jour ..., an ...

Demande pour avoir un port d'armes.

A Monsieur le Maire de la ville de ...

Monsieur,

Le sieur ..., domicilié à ..., a l'honneur de vous exposer, qu'en sa qualité de propriétaire de ... hectares ... ares ... centiares de terres en labour, bruyère, bois, etc., en la commune de... et pour se conformer à l'arrêté de M. le préfet, relatif au port d'armes, il demande et invite **M.** le maire à donner son avis, afin que l'exposant puisse obtenir de **M.** le préfet l'autorisation de porter des armes : l'ayant obtenue dans tous les temps, il espère et attend de vous, Monsieur, un avis favorable.

Présentée le ..., an ..., à ...

Demande pour être continué à une place de piéton.

A Monsieur le Préfet du département d...

Monsieur,

Le sieur ..., domicilié à..., employé au service de piéton dans le canton d ... (section...),

À l'honneur de vous exposer, en réponse à votre honorée lettre du ..., reçue ce jour ;

Qu'en sa qualité de piéton il a rempli la fonction qui lui a été confiée, que s'il y a eu plainte de portée contre lui, c'est injustement, puisque les commissions qui lui ont été données ont été remises exactement à leur destination ;

Que jusqu'alors il s'est présenté aux jours désignés en votre arrêté du ..., pour recevoir les lettres et paquets, et transmis les réponses qui lui ont été confiées par MM. les maires des communes.

Il paraît, Monsieur le Préfet, que l'on vous a mal informé relativement à ce service, qui a été rempli exactement ; ce ne sont que des plaintes qui ne peuvent avoir aucun succès et qui cherche à suggérer des moyens aucunement fondés.

Le soussigné a l'honneur de vous déclarer qu'il a rempli son devoir légalement, et que désormais il le remplira avec toute la célérité possible.

Il espère, Monsieur le Préfet, que vous voudrez bien le continuer dans sa fonction de piéton, qu'il croit ne pas avoir déméritée, ayant rempli son devoir, et qu'il se présentera au bureau de la préfecture, conformément à votre arrêté précité, au prochain jour, pour y recevoir les lettres et paquets, pour la continuation de gestion qu'il remplira exactement. Il attend cette faveur de votre équité, et vous salue respectueusement, etc.

Autre pour être autorisé à placer une enseigne.

A Monsieur le Maire de la ville de ...

Le commissaire-voyer de la ville de..., de l'avis de M. le Maire, autorise le sieur .... à faire placer une enseigne devant la façade de sa maison, située à..., rue ..., à la charge par lui de la faire établir de manière à ce que la sûreté publique ne se trouve pas compromise.

A ..., le...

Le sieur..., domicilié à ..., rue ..., n° ...,

A l'honneur de vous faire observer qu'il a l'intention de faire placer à l'extérieur de son domicile, du côté de la place ..., une enseigne pour sa profession ; qu'il ne le peut sans votre autorisation. Pourquoi il vous donne la présente à ce qu'il vous plaise, Monsieur, de lui permettre de placer ladite enseigne devant son domicile, conformément aux réglemens; en attendant cette permission, qu'il réclame de votre justice, il vous salue avec respect.

Présentée à ..., le ...

Demande pour réparer une maison située sur une grande route.

A Monsieur le Préfet du département d...

Monsieur le Préfet,

Le sieur ..., domicilié à ...,

A l'honneur de vous exposer qu'il est dans l'intention de faire réparer une maison, sise à ..., rue ..., n° ..., appartenant au sieur ..., et désirerait être autorisé à faire une lucarne et recouvrir à neuf cette maison, conformément aux réglemens.

En attendant cette autorisation qu'il réclame de votre justice, Monsieur le Préfet,

Il a l'honneur de vous saluer très-respectueusement.

Présentée le ...

Demande pour alignement à l'effet de construire.

A Monsieur le Maire, etc.

Monsieur,

Le sieur ... a l'honneur de vous exposer qu'il est dans l'intention de faire construire un bâtiment du côté de ...(*ou* sur la rue d...), sur sa propriété située et attenant à ..., pourquoi il vous invite, Monsieur le maire, de bien vouloir lui donner l'alignement pour y bâtir, conformément aux réglemens.

En attendant cette autorisation de votre justice, Monsieur le maire, il a l'honneur de vous saluer respectueusement.

Présentée le ..., an...

Demande pour se faire rayer de la liste de la garde nationale, étant porté sur deux contrôles à deux endroits différens.

A Messieurs le Préfet et les Membres du Conseil de la préfecture du département d ...

Le sieur ...., domicilié à ...,

A l'honneur de vous exposer qu'il est compris au rôle de la contribution personnelle et mobilière de la ville de ..., ainsi qu'il en justifie par la quittance à lui délivrée par le percepteur des contributions, à la date du ..., certifiée véritable par le maire, le même jour ;

Qu'il est inscrit et fait partie de la garde nationale de la ville de ..., à la date du ....

L'exposant est informé que passant quelquefois huit ou quinze jours, plus ou moins, à ..., dans une maison pour la facilité de ses fermiers, mais qui n'est pas son vrai domicile, puisqu'il réside à ..., il a été commandé de garde le ..., par le sieur ..., sergent-major de la ... compagnie de la garde sédentaire d..., sans doute qu'il ne peut en remplir les fonctions dans deux endroits.

Pourquoi, vu les certificats joints à la présente, demande qu'il vous plaise, Messieurs, ordonner que le nom de l'exposant sera biffé du contrôle de la garde nationale de la ville d ..., ce faisant, vous rendrez justice.

Présentée à ..., le ..., an ...

Demande par un garde champêtre pour obtenir la remise d'un mousqueton qui lui avait été retiré.

A Monsieur le Préfet, etc.

Monsieur,

Le sieur (nom, prénoms), garde champêtre pour la commune de ...,

Nommé par vous garde champêtre de ladite commune, il y a un an, je me suis toujours appliqué de tous mes moyens à en remplir les fonctions d'une manière à répondre à la confiance qui m'était accordée.

Des envieux, du moins je me le persuade, sont parvenus à surprendre votre religion en obtenant mon désarmement, qui s'est opéré dans la journée du ...

J'ignore quels motifs ils ont pu employer, seulement je présume qu'un mousqueton dont j'étais porteur dans l'exercice de mes fonctions, et que l'on vient de m'ôter, leur a paru une arme prohibée dont parle l'arrêté du 7 pluviose an 10.

Il est de fait, Monsieur, que dans les premiers temps où j'exerçais les fonctions de garde, peu instruit sur l'arme dont je devais me servir dans le cours de mes fonctions, je fus desservi près de vous comme faisant usage d'un fusil à deux coups; mais sur l'avis que vous eûtes la bonté de me donner, non-seulement je cessai le port de ce fusil à deux coups, je m'en défis encore par son échange contre le mousqueton qui vient de m'être retiré.

Je ne crois pas, Monsieur, que le port d'un mousqueton, dans l'exercice des fonctions de garde champêtre, soit une arme prohibée, d'autant plus que votre arrêté l'autorise nommément.

Si celui qui m'a été retiré portait en lui-même sa réforme, pour n'être pas, dans quelques-unes de ses parties, conforme aux réglemens, ce que j'ignore, vous n'estimerez pas que ce puisse être une raison pour me désarmer.

Il est facile de le faire voir à des gens de l'art, et le faire, à mes frais, mettre dans la forme qu'il doit avoir.

Ce ne pourrait encore être aucun rapport fondé

d'inconduite dans ma gestion ; ils ne seraient que controuvés et enfantés par la malveillance de personnes auxquelles l'exactitude à remplir mes devoirs pourrait nuire.

Veuillez bien, Monsieur, ordonner que le mousqueton en question me sera rendu, sauf au préalable, si vous le jugez à propos, le faire visiter par l'armurier qu'il vous plaira indiquer.

Soyez convaincu, Monsieur, de l'exactitude que je ne cesserai de mettre dans mes fonctions, et du profond respect avec lequel j'ai l'honneur d'être,

Monsieur,

Votre très-humble et
très-obéissant serviteur

Présentée le ...

Requête à présenter pour faire commettre un huissier pour exécuter un jugement.

A Monsieur le Président du Tribunal de première instance d ...

Monsieur,

Le sieur ..., domicilié à ...,

A l'honneur de vous exposer qu'il a été souscrit un billet à ordre, le ..., par le sieur ..., demeurant à ..., de la somme de » fr. » c., valeur payable le ..., au profit de l'exposant qui l'a négocié.

Que ce billet a été protesté le ..., que le ....
assignations ont été commises aux sieurs ... et à
l'exposant, requête du sieur ...

Que le .... il est intervenu jugement au tribunal
d ..., le ..., qui a été signifié le ..., et encore par
réitération le ...

Que le .... il a été fait procès-verbal de tentative
à saisie contre le sieur ..., qui a formé opposition au
jugement rendu par défaut et réitéré le ...

Que le .... jugement a été rendu par le même tribunal au profit de l'exposant, comme ayant remboursé et subrogé aux droits du sieur..., déboute le
sieur ... de son opposition et ordonne l'exécution du
jugement du...

Qu'enfin, le sieur ... ne voulant pas se libérer,
l'exposant n'a d'autre voie que la saisie-exécution
pour le forcer à payer, déjà l'exposant s'est plusieurs
fois adressé à divers huissiers, qui tous se sont refusés à cette exécution, ce qui met l'exposant dans
la nécessité de recourir à M. le président pour forcer les officiers ministériels à remplir leurs devoirs.

Dans ces circonstances, l'exposant vous donne la
présente, à ce qu'il vous plaise, Monsieur, vu l'article 42 du décret du 14 juin 1813,

Enjoindre à tel huissier qu'il vous plaira choisir,
afin d'exercer une saisie mobilière au domicile du
sieur ..., à la ville d ..., et ensuite faire tous les
actes de son ministère que la loi exige en s'y conformant.

Présentée à ..., le ... an ...,

Même demande pour autre motif.

A Monsieur le Président, etc.

Monsieur,

M..., demeurant à..., a l'honneur de vous exposer,

Qu'il s'est rendu adjudicataire à l'audience des criées du tribunal de première instance d..., le..., d'une maison et dépendances située à...

D'après l'article 15 des clauses du cahier des charges, l'acquéreur devait prendre la jouissance de cette maison le jour même de l'adjudication.

Cependant, le sieur... résiste et continue à l'occuper ; deux commandemens de déguerpir des lieux, en date des..., sont restés infructueux ; de sorte qu'aujourd'ui l'exposant n'a d'autre voie que l'expulsion de vive force. Déjà l'exposant s'est plusieurs fois adressé à divers huissiers qui tous se sont refusés à cette exécution, ce qui met l'exposant dans la nécessité de recourir à vous pour forcer ces officiers ministériels à remplir leurs devoirs.

Dans ces circonstances, l'exposant vous donne la présente, à ce qu'il vous plaise, monsieur, vu l'article 42 du décret du 14 juin 1813, enjoindre à tel huissier qu'il vous plaira choisir afin d'expulser le sieur... de la maison et dépendances dont s'agit, en s'aidant de la force armée, le tout, au surplus, en se conformant à la loi.

Présentée à..., le..., an...

Demande pour faire rapporter un arrêté de M. le Préfet, pour être maintenu dans la possession d'un chemin.

A Monsieur le Préfet du département d...

Monsieur,

A l'honneur d'exposer, le sieur M..., propriétaire demeurant à..., que de temps immémorial il existait un chemin traversant les propriétés de l'émigré M. T... et allant de la route de... à l'embranchement des chemins de...

Le sieur T... ayant émigré, ses biens furent vendus comme domaines nationaux.

L'exposant, par acte du..., s'est rendu adjudicataire d'une pièce de terre ayant appartenu audit sieur T..., enclavée au milieu des propriétés de ce dernier, et à laquelle il ne pouvait accéder que par le chemin dont il s'agit.

Le surplus desdites propriétés fut vendu à un sieur V..., qui en fit la vente au sieur R...

Dans le courant de l'an..., le sieur..., fermier du sieur R... acquéreur desdites propriétés, s'est permis d'intercepter ledit chemin, extrêmement utile à l'agriculture et aux communications vicinales; mais, par arrêté du... M. le préfet, sur la demande de l'administration municipale du canton d..., ordonna la conservation dudit chemin.

Cet arrêté avait reçu sa pleine et entière exécution jusqu'au... dernier; mais à cette époque, le sieur R... a surpris de votre religion un arrêté qui ordonne la suppression dudit chemin.

L'exposant s'est réuni à plusieurs habitans de la commune de..., pour faire rejeter la prétention du sieur R...; mais par votre arrêté du... vous avez déclaré qu'il n'y avait lieu à accueillir la réclamation des pétitionnaires.

L'exposant ne se dissimule pas que, lors de la pétition qui fut présentée, tant en son nom qu'en celui de plusieurs habitans de la commune de..., on a négligé le principal moyen, celui surtout qui pouvait éclairer votre religion et faire réussir la demande des pétitionnaires.

En effet, il est de principe certain que MM. les préfets, qui remplacent, dans l'ordre administratif, les ci-devant administrations centrales, ne peuvent annuller ni rapporter les arrêtés de ces mêmes administrations.

Il n'appartient qu'au conseil d'état d'annuler ou de rapporter ces mêmes décisions

C'est ce qui résulte des dispositions de la loi du 8 pluviose an 2.

Dans l'espèce, il s'agissait d'un chemin dont la conservation était ordonnée par arrêté de l'administration centrale d... en date du...

En ordonner la suppression, c'était annuler ou rapporter implicitement l'arrêté de l'administration centrale d..., du....

• Conséquemment, monsieur le préfet, la question qui vous est soumise par le sieur R..., relativement à la suppression dudit chemin, excédait les bornes de votre compétence, il n'appartenait qu'au conseil d'état de statuer à cet égard.

Ainsi, les arrêtés que vous avez rendus les... ont été surpris à votre religion et doivent être rapportés.

L'exposant avait été conseillé de se pourvoir contre lesdits arrêtés devant le conseil d'état, mais il a cru, avant de prendre une semblable mesure, devoir vous soumettre de nouvelles observations, bien convaincu que vous avez le désir et la volonté de rendre la justice à tous vos administrés.

Dans cet état, l'exposant a l'honneur de vous donner la présente à ce qu'il vous plaise, vu l'exposé ci-dessus,

Rapporter vos arrêtés des... ; ce faisant ordonner que le chemin dont il s'agit sera rétabli dans l'état où il était avant votre arrêté du... ; autoriser l'exposant, en cas de refus dudit R..., de faire rétablir ledit chemin aux frais de ce dernier, et de prendre la force armée pour l'exécution de l'arrêté du...

Ce faisant, vous rendrez justice.

Il dépose à l'appui de la présente pétition sept pièces cotées et paraphées.

Présentée à..., le..., an...

Demande pour faire enlever un moulin indûment placé dans la rivière, qui cause dommage à autrui.

A Monsieur le Préfet, etc.

Monsieur,

Le ..., propriétaire, domicilié à..., a l'honneur de vous exposer :

Qu'il est propriétaire d'un pré situé à..., au triége d...; que le sieur N... s'est permis, sans aucune autorisation, de faire placer une roue dans la rivière de..., plus, des pieux, charpentes, qui barrent la rivière, de sorte que le pré de l'exposant est presque toujours inondé, ce qui lui cause un grand préjudice par la perte qu'il éprouve d'une partie de ses récoltes, et rend ses bâtimens inaccessibles, prive ses bestiaux de pâtures au moins trois mois de l'année.

L'exposant s'est adressé au sieur N..., pour l'inviter de faire retirer ladite roue, pierres et pieux qui barrent la rivière, qui arrêtent les herbes et empêchent l'eau d'avoir son cours ordinaire; le sieur N... n'en a rien fait.

L'exposant se voit forcé d'avoir recours à l'autorité pour forcer le sieur N... à faire l'enlèvement desdits objets, qui empêchent l'écoulement des eaux dans des jours qu'elles sont à plus de 20 pouces d'exhaussement du niveau, le moins 10 pouces quand les herbes sont retirées des pieux.

L'exposant fait observer à monsieur le préfet que cette roue n'a d'autre utilité que de faire aller un jet d'eau dans le jardin de M... pour son agrément.

Vu l'exposé ci-dessus, l'exposant demande qu'il vous plaise, monsieur le préfet, d'ordonner la visite des lieux, pour, après rapport fait, rendre un arrêté que M.... sera tenu de faire l'enlèvement, dans les vingt-quatre heures de la notification de votre arrêté, de la roue et de la charpente qui la supporte, pierres, pieux et barres qu'il s'est indûment permis de placer dans la rivière sans autorisation; plus de curer la rivière à l'endroit encombré, afin que l'eau reprenne son libre cours. Et vous rendrez justice.

Présentée à..., le..., an...

Demande pour faire rétablir une Berme dans une rivière de flottage.

A Monsieur le Préfet.

Monsieur,

Le sieur... vous expose que, près le moulin d..., la berme de la rivière de flottage a été emportée par les trains sur environ 10 mètres de long, et que la majeure partie de l'eau de la rivière prend son écoulement par cet endroit, ce qui cause une perte d'eau considérable à son moulin, et le met dans l'impossibilité de travailler.

Pourquoi il s'adresse à vous, monsieur le préfet, pour qu'il vous plaise ordonner que cette partie de berme soit réparée le plus promptement possible, vu que le moindre retard lui fait éprouver une perte considérable par le chômage de son moulin, et préjudicie à l'intérêt général. Ce faisant, vous rendrez justice.

Présentée à..., le..., an...

Pétition à Sa Majesté pour obtenir des réparations.

A Monsieur ..., Intendant général de Sa Majesté ...

A l'honneur d'exposer, le sieur ..., qu'il afferme la terre de ..., avec le moulin et ses dépendances.

et la petite ferme d... , appartenant à Sa Majesté ...

L'exposant, obligé de payer un fermage considérable, à raison de cette location, doit avoir la pleine et entière jouissance de tous les objets qui lui ont été affermés.

Néanmoins l'exposant ne retire point tous les avantages qui lui étaient assurés par son bail.

En effet, il doit avoir la jouissance d'une pêcherie dépendant des objets qui lui ont été loués; mais depuis plus de deux ans cette pêcherie est entièrement détruite, de sorte que l'exposant est privé de remplir ce qu'il en pouvait espérer.

Toutes les vannes sont dans le plus mauvais état, périssent l'irrigation des prairies et occasionnent à l'exposant une perte annuelle dans la récolte des foins.

Enfin, les murs sont tombés, les bâtimens sont en mauvais état, et le moulin exige des réparations urgentes.

L'exposant a déjà formé de nombreuses réclamations à cet égard ; elles ont été absolument sans effet.

L'exposant aurait eu le droit de prendre la voie qui lui est tracée par les lois, mais son respect pour Sa Majesté et le désir qu'il a de rester attaché à son service, ne lui ont pas permis d'avoir une telle pensée.

C'est donc à la protection de Sa Majesté, c'est à la justice de M. l'intendant que l'exposant croit devoir recourir pour obtenir la réparation du dommage qu'il éprouve annuellement.

La pêcherie produisait tous les ans un revenu de six cents francs : depuis plus de deux ans il en est privé ; il est donc dû au fermier une indemnité proportionnée.

L'exposant déclare s'en rapporter à la loyauté de

M. l'intendant pour la fixation de cette indemnité.

Il supplie également M. l'intendant de préposer sans délai des ouvriers pour la reconstruction de la pêcherie et la confection des réparations urgentes qu'exigent les objets affermés.

Le moindre retard pourrait être préjudiciable à Sa Majesté, et nécessiterait des réparations beaucoup plus considérables.

Présentée à ..., le ..., an ...

Demande pour faire pâturer des bestiaux, en vertu de titres, dans les bois du gouvernement.

A Monsieur l'Inspecteur à la Conservation des forêts nationales du ... arrondissement d..., département d...

Monsieur,

Le sieur ..., domicilié à ...,

A l'honneur de vous exposer que, suivant jugement rendu par le tribunal d..., le ..., dont expédition est ci-jointe, il a, en sa qualité de propriétaire de la ferme de ..., le droit, lui, ses fermiers ou préposés, d'envoyer pâturer ses bestiaux au nombre de ... bêtes au Mail, et de ... bêtes chevalines ou à laines dans le bois de ..., aux charges et condition énoncées audit jugement sur le vu de titres y relatés.

Ce droit de l'exposant a été reconnu, et en quelque sorte confirmé par un arrêté de M. le préfet de ..., en date du ..., par lequel l'exposant a été autorisé à faire pâturer, comme par le passé, ses bestiaux dans les bois dont il s'agit, à charge par lui de ne faire conduire que la quantité de bestiaux indiquée dans le titre par lui représenté, et de se conformer scrupuleusement à l'ait. 4 de l'arrêté du directoire exécutif, du 5 vendémiaire an 6, qui veut que les bestiaux ne puissent être conduits que dans les parties de bois qui auront été déclarés défensables par les agens forestiers, sous les peines prescrites par les ordonnances et règlemens.

Vu l'exposé ci-dessus, les pièces y jointes, l'exposant demande qu'il vous plaise indiquer ou faire indiquer les parties des bois de ... actuellement défensables, à l'effet par lui, ses fermiers ou préposés, d'y exercer le droit de pâture dont il s'agit, aux charges énoncées aux titres représentés.

Présentée à ..., le ..., an ...

Dénonciation pour usurpation de fonction de courtier.

A Monsieur le Procureur du roi près le tribunal de première instance d...

Monsieur,

Le sieur B..., domicilié à ...,

A l'honneur de vous dénoncer un abus qui se commet de la part du sieur F..., demeurant à ...

FAIT.

Depuis trois ans, le sieur F... s'est immiscé aux fonctions de courtier sans être commissionné à cet effet, ni patenté : il a vendu pendant cet espace de temps, et vend continuellement pour le compte de plusieurs filateurs, des laines pour faire des challs à nombre de marchands.

Le sieur F... tient des registres qui ne sont point paraphés et tenus dans les formes exigées par la loi.

Par son trafic, il s'est enrichi de plus de trente mille francs; ce qui porte un préjudice notable aux courtiers, qu'il est instant de réprimer un pareil abus.

L'exposant est informé que le sieur F... a vendu des laines à plusieurs marchands dont les noms suivent, 1º ..., 2º ..., 3º ..., etc.

Qu'il sera facile de faire demeurer le fait constant par les dénommés ci-dessus, et par la saisie des registres du sieur F... (conformément à l'art. 38 de la loi du 1er brumaire an 7.), qu'il a fait le trafic de courtier sans droit ni qualité, puisqu'il n'est pas nommé par le roi, ainsi que le veut les lois des 28 ventose an 9 et 25 nivose an 8, les arrêtés du 29 germinal an 9 et 27 prairial an 10, l'art. 75 et suivant du Code de commerce, les ordonnances du 29 mai 1816, 1er juillet 1818 et 9 avril 1819; que sous ce rapport il est en contravention.

Pourquoi l'exposant vous adresse la présente plainte dans l'intérêt de la justice. Il n'y a pas de doute qu'en étant instruit, vous ne fassiez cesser aussitôt un pareil abus; les courtiers auront de la répression de ce délit une grande obligation. Ils vous supplient, monsieur le procureur du roi, d'interposer votre ministère pour diriger les poursuites conformément au décret du 10 septembre 1808, l'avis du Conseil-d'Etat du 17 mai 1809, Code pénal, 258 et 259.

J'ai l'honneur d'être avec un profond respect,

Monsieur,

Votre très-humble et très-obéissant serviteur.

Paris, le..., an...

———

Demande de renseignemens sur un mliitaire dont on n'a pas de nouvelles.

A Monsieur le Ministre de la Guerre.

Monsieur,

François B..., demeurant à ..., arrondissement d..., département d..., expose à Votre Excellence que son fils (*frère ou parent,*) de la .... compagnie, ... bataillon, ... régiment, depuis l'affaire de ..., n'a point donné de ses nouvelles à sa famille, et que nous n'avons pu nous procurer aucun renseignement sur son existence, malgré nos démarches dans les bureaux de Votre Excellence et nos demandes au conseil d'administration de son corps. Au moment où la conclusion de la paix générale permet enfin au gouvernement d'avoir des notions plus précises sur le sort des prisonniers de guerre, ou qui ont péri dans les combats ou dans les hôpitaux, il supplie Votre Excellence de vouloir bien faire faire les démarches nécessaires pour avoir des indices sur son compte.

Il attend cette faveur de votre humanité et de votre justice, et a l'honneur d'être avec le plus profond respect,

Monsieur le ministre,

Votre très-humble et très-dévoué serviteur.

Demande pour obtenir une place de Charbonnier.

A Monsieur le Préfet de police du département de la Seine, en son hôtel à Paris.

Monsieur,

Le sieur..., domicilié à ...,

A l'honneur de vous exposer, qu'il réside à Paris depuis quatre ans, qu'il s'est comporté en homme probre et honnête, d'une conduite irréprochable ; qu'il lui a été délivré un certificat attestant sa moralité, à la date du ..., dont copie certifiée conforme par M. le maire (*ou* le commissaire de police), est ci-jointe.

L'exposant a femme et enfans au nombre de ... mineurs, que lui seul en est le soutien, qu'il se trouve en ce moment sans travail et moyens d'existence *(ou qu'il ne fait chose quelconque dans l'état qu'il professe, ou exprimer d'autres motifs.*

Il a l'honneur de s'adresser à vous, monsieur le préfet. pour vous faire la demande d'une place de charbonnier à ... ; il vous invite de bien vouloir lui accorder et lui faire délivrer une plaque pour se conformer aux règlemens. Il attend cette faveur de votre humanité et de votre justice.

Ce bienfait de votre part ne fera qu'ajouter aux sentimens de reconnaissance et de respect avec lesquels il a l'honneur d'être,

Monsieur le préfet,

Le très-humble et très-obéissant
serviteur.

Certificat d'Indigence.

Nous, maire de la ville de ..., département de ..., certifions à tous qu'il appartiendra, que ..., demeurant en cette ville, est dans la plus grande misère ; que depuis plus de ... mois il est sans ouvrage et n'a d'autre ressource que ses bras pour nourrir sa femme et ... enfans ; qu'il sollicite dans ce moment-ci les secours de la charité pour exister ; qu'il ne pourra jamais supporter les condamnations ni les frais qui pourraient être prononcés contre lui, par raison du procès-verbal dressé contre lui par le garde de ..., le ... ; que les poursuites qui seraient faites deviendraient une charge pour le gouvernement, vu son insolvabilité.

Pourquoi nous lui avons délivré le présent certificat d'indigence, en le recommandant à la bienveillance du tribunal.

Délivré à la mairie d..., le ..., an ...

Certificat de bonnes vie et mœurs.

Nous, habitans d..., soussignés, certifions à justice et à tous qu'il appartiendra et dans la meilleure forme que certificat puisse s'accorder, que la dame ... s'est comportée en femme d'honneur et de probité, que sa moralité et sa conduite sont absolument intactes et à l'abri de tous reproches, en foi de quoi nous avons délivré le présent pour valoir ce que de raison.

A ..., le ..., an ...

(Faire légaliser les signatures.)

Certificat de vie et mœurs.

Décision du 7 novembre 1821.

Circulaire du Ministre, du 12 décembre 1821.

Département d...

Nous maire de la commune de ..., soussigné, certifions, sous notre responsabilité personnelle, que le sieur ..., (*Noms, prénoms et surnoms.*) est né le ..., à ..., canton d..., arrondissement d..., ainsi qu'il résulte de son acte de naissance dûment légalisé et

Arrondissement d...

====

Canton d...

—

Commune d...

—

des autres pièces produites, et ci-après inventoriées :

1° Qu'il jouit de ses droits civils, et qu'il n'est dans aucuns des cas prévus dans le Code civil, qui entraînent la privation de ses droits;

2° Qu'il habite depuis plus de six mois dans cette commune ;

3° Qu'il y exerce la profession de ..., et qu'il travaille depuis ..., (*ou* qu'il vit chez ses parens ..., *ou* qu'il est au service d...)

4° Qu'il résulte du témoignage des notables habitans soussignés, tous pères de familles imposés au rôle des contributions, et demeurant depuis plus d'un an dans la commune, qu'il a eu constamment une bonne conduite;

5° Qu'il est régulièrement libéré du service militaire (*faire connaître à quel titre il est libéré*), et qu'il n'est pas marié, ce qui nous a été attesté également par les deux témoins qui ont signé avec nous.

A ..., le ..., an ...

(*Signatures du maire et des habitans.*)

Inventaire des pièces dont est porteur le sieur ...

1º Acte de naissance;
2º ....;
3º ...., etc.

Signalement du sieur ...

Taille de ..., cheveux ..., sourcils ..., nez ..., yeux ..., bouche ..., menton ..., visage ... (*indiquer les marques particulières*), domicilié à ..., canton d..., arrondissement d..., département d...,

Visé et vérifié par nous, juge de paix du canton d... (*Signature.*)

Visé par nous, préfet du département d...

(*Article* 817 *du Manuel de recrutement.*)

(Ce visa n'est nécessaire que pour les hommes qui se présenteraient comme remplaçans, dans un département autre que celui de leur résidence.)

Certificat pour attester que le Conscrit a les moyens de se faire remplacer.

Nous, maire de la commune de ..., certifions que le sieur ..., jeune soldat de la classe de ..., né et domicilié en cette commune, inscrit sous le nº ... du registre matricule, et appelé à l'activité, est bien réellement dans l'intention et a les moyens de se faire remplacer, et que s'il ne l'a pas fait en temps utile, c'est qu'il comptait sur les chances de l'appel, comme étant compris dans les derniers numéros, et nous a déclaré en avoir la volonté.

En foi de quoi le présent est délivré au sieur ... sur sa demande, pour valoir ce que de droit.

A ..., le ..., an ...

Pétition pour obtenir un délai à l'effet de se faire remplacer au service militaire.

A Monsieur le Maître des Requêtes, Préfet du département d...

Monsieur le Préfet,

Le soussigné ... a l'honneur de vous exposer que se trouvant, par son numéro, faire partie de la levée de ... mille hommes, il désirerait obtenir la faculté de se faire remplacer, et que s'il ne l'a déjà fait, il avait espoir que le n° ... appelé sur le canton d..., dernier n°, le classerait parmi ceux non-appelés à l'activité, ainsi que le constate le certificat du maire, ci-joint.

C'est pourquoi il a l'honneur de vous supplier, Monsieur le Préfet, de bien vouloir lui accorder un sursis de départ, à l'effet de pouvoir présenter un remplaçant.

Il attend tout de votre bonté et a l'honneur d'être, en attendant vos ordres,

Monsieur le Préfet,

Votre très-humble et
obéissant serviteur.

(*Signature.*)

Présentée le ..., an ...

———

Autre modèle, méme cause.

(*Semblable intitulé à celui qui précède.*)

A l'honneur de vous exposer qu'étant dans l'intention de faire remplacer son fils ..., jeune soldat de la classe de ..., n° .... dudit canton, dernier n° ... appelé par l'ordonnance du ..., il vient vous prier de bien vouloir lui faire obtenir, en conséquence de l'instruction de S. E. le ministre de la guerre du.... dernier, un délai pendant lequel il pourra se procurer un remplaçant.

L'exposant attend de vous, avec confiance, l'objet de sa prière; il a l'honneur d'être avec respect,
Monsieur le Préfet, etc

Présentée le ..., an ...

Autre modèle pour autre motif.

(Comme à la précédente.)

A l'honneur de vous exposer ..., jeune soldat de ..., nº ... du tirage, que depuis qu'il est classé dans le contingent, et attendu que sa présence est nécessaire chez lui, il a toujours eu l'intention de fournir à l'armée un remplaçant; mais que, s'appuyant sur les dispositions de votre circulaire du ..., il a cru devoir différer son remplacement, espérant que son nº ne serait pas appelé à l'activité; aujourd'hui, Monsieur le Préfet, l'exposant vient de recevoir une lettre de départ qui lui a été notifiée en vertu de l'ordonnance du ..., et il voit avec douleur que le délai accordé pour présenter des remplaçans est expiré sans qu'il ait pu se mettre en mesure.

Pourquoi il vous supplie, Monsieur le Préfet, se fondant sur votre instruction du ..., de vouloir bien réclamer pour lui, auprès de qui de droit, une suspension de départ, et lui indiquer quel jour il pourra présenter au conseil de révision le remplaçant qu'il se sera procuré.

Il joint un certificat de M. le Maire de la commune de ..., constatant qu'il a la volonté et les moyens de se faire remplacer.

(Terminer comme celle ci-dessus.)

Autre pour autre motif.

(*Même intitulé.*)

Expose humblement le sieur ..., que dans l'espoir que son fils ..., compris par son numéro dans le contingent de la classe de ..., pour le recrutement de l'armée, serait, à une seconde visite, déclaré exempt, faute de taille, il ne s'est pas pressé de se procurer un remplaçant dans le délai voulu ; qu'aujourd'hui, informé que son fils, ayant tout au plus une ligne au-dessus du minimum de la taille exigée, obtiendrait difficilement ladite exemption, il se décide à y pourvoir si vous voulez bien, Monsieur le Préfet, par un effet de vos bontés envers vos administrés, lui accorder et faire accorder un délai suffisant à cet effet, etc.

Pétition pour obtenir une deuxième réforme.

A Monsieur le Préfet, de ...

C ..., conscrit ..., demande la révision.
Croisement des orteils.
Cause de sa première dispense.
Maux de tête.
Peu de cheveux.
Mauvais yeux.

C..., conscrit en la ville de..

C'est vous offrir un moment heureux que de vous donner l'occasion d'exercer un acte de justice et d'humanité, aussi j'ose me pré-

Épaules difformes.
Un père sexagénaire. dont il est le soutien.

———

Voilà ses titres à une seconde réforme.

senter avec confiance devant vous et devant Messieurs du conseil, pour vous supplier de m'accorder la révision : ma position me donne des droits à votre justice.

FAITS.

Le ..., le conseil m'a jugé bon ; la multiplicité de ses travaux ne lui a pas permis de s'appesantir sur les motifs qui doivent faire ordonner ma réforme.

Les causes qui me valurent ma dispense en l'an ..., non-seulement sont les mêmes aujourd'hui, mais encore elles sont plus fortes et conséquemment plus déterminantes.

Le croisement de mes orteils me gêne au point de ne pouvoir faire deux lieues sans souffrir et sans m'arrêter.

Je suis travaillé très-souvent par des hémorrhoïdes qui se gonflent et me donnent des douleurs insupportables.

J'ai de fréquens maux de tête, aussi je suis dégarni de cheveux ; ma vue étant très-faible, le soir, je me conduis difficilement.

Mes épaules sont difformes ; enfin l'ensemble de mon individu présente un homme mal constitué et impropre au service.

Depuis ... ans je seconde mon père sexagénaire.

Malheureusement je n'ai pas les facultés de me faire remplacer.

Tant de titres, Messieurs, seront par vous pris en considération : vous confirmerez ma dispense, et une famille entière vous devra l'existence et le bonheur.

Présentée le ..., an ...

***

Pétition pour obtenir un délai à l'effet de terminer ses affaires.

A Monsieur le général de division, maître des requêtes, directeur général de la conscription.

Monsieur le Directeur général,

P..., conscrit de l'an..., de la commune d..., canton et arrondissement d ..., désigné pour faire partie de la levée de ... mille hommes,

A l'honneur de vous exposer :

Que depuis quatre ans il exerce les fonctions d ..., (*ou* la profession de); il désirerait obtenir un délai suffisant pour pouvoir faire honneur aux engagemens qu'il a pris en se chargeant des affaires de plusieurs particuliers très-éloignés, qui malgré sa bonne volonté, éprouveraient des pertes qu'il désire prévenir.

Il vous supplie, Monsieur le Directeur général, de lui accorder ce délai pour pouvoir rendre compte de sa gestion comme fonctionnaire public (*ou* mandataire), et présenter à chaque particulier le résultat de ses démarches, terminer des affaires encore en instance.

En lui accordant l'objet de sa demande, Monsieur le Directeur général, vous accomplirez un acte de justice envers l'exposant, qui n'a d'autre désir que d'obéir aux lois de son souverain.

Présentée le ..., an ...

Demande pour affranchir une rente due à un Hospice.

A Messieurs les Administrateurs de l'Hospice civil et militaire d...

Messieurs,

Le sieur..., domicilié à...,

A l'honneur de vous informer qu'il est dans l'intention d'affranchir un capital que la loi autorise, une rente foncière de » fr. » c. due à la ci-devant fabrique de l'église de..., suivant contrat passé devant Me..., notaire à..., le..., contenant vente d'une pièce de terre située à..., par..., au sieur...

De laquelle partie de rente que vous administrez il est maintenant propriétaire comme cessionnaire du gouvernement.

Pourquoi il vous prie de l'autoriser à verser le capital de cette rente à la caisse de votre receveur, au moyen duquel versement elle sera éteinte pour toujours et l'exposant déchargé à jamais du paiement d'icelle.

A..., le..., an...

Pétition et demande pour le droit de parcours.

A Messieurs les maire et membres du conseil municipal de la commune d...

François B..., cultivateur, domicilié en la commune d...,

A l'honneur de vous exposer qu'il est propriétaire en ladite commune d..., de ... hectares ... ares ... centiares de terres labourables;

Qu'il jouit, à titre de fermier, d'une ferme située au même lieu, composée de ... hectares de terres labourables, appartenant à M. V...;

Qu'il jouit, et fait valoir au même titre, de ... hectares labourables, appartenant à M. T...;

Que tout ce dont il jouit, tant à titre de propriétaire qu'à celui de fermier, compose la quantité de ... hectares, qu'à raison de cette quantité et de la délibération du conseil général de la commune d..., et homologuée par M. le Préfet, le ..., l'exposant a le droit de mener au pâturage et faire parcourir sur la commune de ..., le nombre de ... moutons;

Qu'il lui a été délivré pour cantonnement les terres du hameau de ..., lequel hameau est limité de C..., de C..., etc.

L'exposant est extrêmement préjudicié, non par la fixation du cantonnement, puisque, s'il en jouissait seul, ainsi qu'il en a le droit, il aurait des pâturages à suffire pour son troupeau; mais divers particuliers mènent sur ce même cantonnement leurs troupeaux, et notamment les sieurs B... et C..., qui ne jouissent et ne font valoir que ... hectares sur la même commune, mènent et conduisent au parcours plus de ... moutons que la loi ne leur accorde ; très-souvent ils réunissent dans leurs troupeaux ceux d'autres particuliers jusqu'au nombre de ...

Les sieurs B... et C... sont en contravention à la loi du 6 octobre 1791 , art. 12, 13, titre 1er, et à la délibération du conseil général de la commune de ..., en date du ..., homologuée par arrêté de M. le préfet du département de ..., le ...

L'exposant est privé par le fait des sieurs B... et C... d'user du parcours dans le cantonnement qui lui a été assigné, et se voit forcé de recourir à l'autorité pour faire cesser cet abus ; d'abord les sieurs B... et C... sont en outre en contravention à la loi précitée, qui ne permet aux cultivateurs de mener au parcours que deux bêtes à laine par arpent, que l'intérêt de l'agriculture commande la plus grande sévérité.

Pourquoi, l'exposant demande qu'il vous plaise, Messieurs, de bien vouloir réduire les troupeaux de moutons des sieurs B... et C... au nombre qu'ils doivent avoir, et de prendre un arrêté à cet égard portant défense d'en conduire un plus grand nombre, et de se conformer au nombre fixé par ladite loi, et vous ferez justice.

Présentée à ..., le ..., an...

Militaires absens.

Circulaire de Monseigneur le Garde-des-Sceaux, Ministre de la Justice, relative aux militaires absens, et aux recherches que font leurs familles.

Paris, 7 janvier 1824.

« Monsieur le Procureur général ,

» Je vous ai entretenu, par ma circulaire du 19 » mai 1823, de la dangereuse application que les of- » ficiers de l'état civil et des tribunaux faisaient des » certificats que délivre le ministre de la guerre, sur » le sort des militaires de l'ancienne armée, et des » nouveaux modèles qui ont été adoptés pour préve- » nir les désordres qu'apporterait dans les familles l'er- » reur en cette matière.

» Depuis, j'ai été instruit par son excellence le » ministre de la guerre, par plusieurs magistrats, par » des plaintes qui m'ont été adressées de différens » points du royaume, et par des vérifications que j'ai » fait faire en pays étrangers, que des gens d'affaires » de Paris employaient des manœuvres frauduleuses » pour extorquer de l'argent aux familles, en leur » procurant de prétendus actes de décès des militai- » res de l'ancienne armée, ou en les déterminant à » traiter à vil prix de leurs droits héréditaires.

» Pour prémunir les sujets du roi contre ce nou- » veau genre d'escroquerie, le ministre de la guerre » a fait insérer à différentes époques, des avis dans » les journaux ; de mon côté, j'ai ordonné des pour-

» suites contre les agens de fraude que l'on a pu dé-
» couvrir.

» Possesseurs de listes de décès, soustraites aux ad-
» ministrateurs des hôpitaux militaires à l'étranger,
» ou qu'ils forment au moyen des états que je fais in-
» sérer dans le *Moniteur*, ces gens d'affaires connais-
» sent les noms et prénoms des individus dont on de-
» mande la déclaration d'absence ou de décès, les
» corps dans lesquels ils servaient, etc., et les tri-
» bunaux près lesquels on instruit ces demandes. Mu-
» nis de ces renseignemens, ils proposent aux familles,
» soit par lettres, soit par leurs agens qui parcourent
» les départemens, ou même par leurs correspondans,
» des actes de décès qu'ils fabriquent ou font fabri-
» quer, ou des certificats qu'ils ont obtenus des minis-
» tres de la guerre ou de la marine, et qu'ils altèrent
» au moyen de procédés chimiques, ou bien enfin des
» actes qu'ils annoncent s'être procurés à grands frais
» de l'étranger ; d'un autre côté, ils présentent aux
» parens l'appât d'une faible somme qu'ils leur comp-
» tent à l'instant, pour prix de la cession de leurs
» droits héréditaires.

» Il importe de soustraire à ces criminelles ma-
» nœuvres les classes peu instruites, les familles de
» remplaçans. C'est à ces personnes que les agens d'af-
» faires s'adressent de préférence, soit parce qu'elles
» ne sont pas assez éclairées pour être en garde contre
» les pièges tendus à leur crédulité, soit parce que
» leur malheureuse position les détermine à accepter
» la faible somme qu'on leur donne pour l'abandon
» d'avantages dont les lois ne leur permettent sou-
» vent de disposer que dans un temps assez éloi-
« gné. »

» Pour atteindre ce but qu'on doit se proposer, il
» convient qne les juges-rapporteurs, les procureurs
» du roi ou leurs substituts (défenseurs nés des ab-
» sens) examinent avec un soin scrupuleux les affai-
» res dans lesquelles des actes de l'état civil produits
» par de tels intermédiaires, sont employés, pour
» savoir si ses actes et les affaires auxquelles ils se ra-
» tachent, ne présenteraient pas des traces des cou-
» pables manœuvres que je vous signale. Il est du de-
» voir des officiers du ministère public, lorsqu'ils
» proeèdent à la vérification des actes de l'état ci-
» vil, de constater avec soin ceux des mêmes actes ou
» des certificats qui auraient été inscrits sur les regis-
» tres, afin de s'assurer s'ils devaient l'être, ou s'ils
» ne sont pas le produit du dol ou et la fraude. Dans
» le premier cas, il sera nécessaire qu'ils adressent
» des instructions convenables aux maires; et dans,
» le second, qu'ils intruisent contre les auteurs d'ac-
» tes entachés de fraude ou de faux.

» Je vous prie d'adresser à chacun de vos substi-
» tuts un exemplaire de cette lettre, de leur recom-
» mander de s'y conformer, et de ne rien négliger pour
» découvrir les coupables qui agissent dans l'ombre,
» et qui sont parvenus jusqu'à ce jour à échapper à
» leur vigilance. Vous voudrez bien encore leur pres-
» crire d'en donner connaissance aux notaires, aux
» avoués et *huissiers*, par l'intermédiaire de leurs
» chambres respectives, m'accuser réception de cette
» instruction, et me faire part des mesures que vous
» aurez prises pour en assurer l'exécution. »

FIN.

TABLE

DES MATIÈRES

CONTENUES DANS CET OUVRAGE.

SECTION III.

SECTION IV.

CHAPITRE III

SECTION PREMIÈRE.

SECTION II.

CHAPITRE IV.

CHAPITRE V.

CHAPITRE III.

TESTAMENS OLOGRAPHES.

CHAPITRE IV.

DES OBLIGATIONS.

CHAPITRE V.

ACTES DE FAMILLE.

CHAPITRE VI.

DE LA VENTE.

CHAPITRE VII.

DE L'ÉCHANGE.

CHAPITRE VIII.

ACTES DE LOUAGE.

CHAPITRE IX.

ACTES DE PRÊT.

CHAPITRE X.

ACTES DE DÉPOT.

CHAPITRE XI.

MANDAT OU PROCURATION.

CHAPITRE XII.

ACTES DE CAUTIONNEMENS.

CHAPITRE XIII.

TRANSACTIONS.

LIVRE III.

ACTES COMMERCIAUX.

CHAPITRE PREMIER.

LETTRES DE CHANGE ET BILLETS A ORDRE.

CHAPITRE II.

ACTES DE SOCIÉTÉ.

PÉTITIONS.

FIN DE LA TABLE DES MATIÈRE.

TABLE

DES MATIÈRES

FIN.

www.ingramcontent.com/pod-product-compliance
Lightning Source LLC
LaVergne TN
LVHW021632060726
842527LV00003B/632